빌딩 투자
리:셋

빌딩 투자 리 : 셋

BUILDING INVESTMENT RESET

임광선 지음

빌딩 투자의 기회가 다시 도래했다

돈이 흐르는 작지만 강한 빌딩에 투자하라!

상권과 입지로 빌딩 시장을 이해하는 법

지은이의 말

다시 시작하자, 빌딩 투자 리:셋

　시장에는 투자에 대한 정보가 넘쳐난다. 주식을 해서 돈을 벌고 코인을 해서 부자가 되는 방법, 종잣돈 1억 원을 만드는 방법 등 자본주의를 살아가는 사람들에게 부자가 되는 방법과 부자들이 어떻게 투자하는지 알려준다. 당연히 부동산에 대한 정보도 빠지지 않는다. 주로 이야기되는 것이 빌라, 아파트 같은 주거 상품이고 개발 지역을 미리 찾아 들어가는 토지 투자와 현금 흐름이 생기는 수익용 상가 투자까지 다양하다. 많은 사람이 부자가 되기 위해 투자 공부를 하고 있다. 부동산 투자는 저마다의 공식이 있고 판단을 하게 되는 중요 포인트가 있어 그 정보를 빠르게 잡아채기 위해 우리는 오늘도 여러 강의와 자료를 보며 공부를 하고 있다.

그런데 이 모든 부동산 공식을 종합해서 투자해야 하는 상품이 있다. 그것은 현금 흐름을 통한 수익과 시세차익 2가지를 동시에 목표로 하는 빌딩 투자다. 다른 상품보다 무거운 금액이 들어가 더욱더 신중하게 보고 판단해야 하는 상황에도 단편적인 뉴스와 유명인의 투자에 몰려 투자에 들어가는 현상을 보면서 원론적인 빌딩의 가치를 살펴보는 기준을 전달하고 더 많은 사람이 안정적이고 자신에게 잘 어울리는 빌딩 매입 방향을 안내하고자 했다.

이 책을 쓰게 된 계기는 부동산의 기본적인 정보를 전달함과 동시에 빌딩이라는 실물이 아닌 돈이 흐르는 모습을 읽고, 투자에 관한 쉬운 평가 방법을 독자에게 전달하고자 하는 마음이었다. 시장 상권을 바라보는 다양한 시각과 여러 현장에서 보이는 방법을 적용해 이 상권의 빌딩은 나에게 적합한 조건인지 스스로 확인하는 방법을 정리했다.

그래서 이 책에서는 어떤 건물이 당신에게 돈을 벌게 해준다든지 또는 절세 방법과 대출 레버리지를 통한 내용은 과감하게 배제했다. 실제로 돈을 만들어주는 빌딩의 상품성을 구분하기 위해 해당 상권이 어떻게 분류되는지, 상권 안에서 메인 골목과 이어지는 입지에 대한 차이를 이야기하며 기준을 잡아보고자 한다.

그렇다고 금리를 몰라도 된다거나 세금을 절세하는 방법이 중요하지 않다는 이야기는 아니다. 기본적인 수익을 넘어 극대화하기 위해 금융 지식은 절대 놓쳐서는 안 된다. 다만 빌딩이 속한 상권과 입지가 어떤 가치를 가지고 있고 상권에서의 활용성은 어느 정도인지 확인하는 것이 첫 번째 조건이라는 검토의 우선순위를 말하고 싶었다. 수익 극대화도 상품이 좋아야 가능한 것이고 세금도 이익이 나와야 납부하는 것이다. 적게는 수십억에서 수백억의 비용이 필요한 것이 빌딩 투자인데, 빌딩이 가지고 있는 힘은 무엇인지 알아야 하지 않겠는가. 주변 상권에서 소비는 어떻게 흐르고 있고 내가 소유할 빌딩의 입지는 어떤 역할을 할 수 있는지 아는 것이 빌딩의 가치를 만드는 가장 기초다.

상권은 수학 공식처럼 명확한 답이 나오지 않는다. 역세권 입지를 이야기할 때 지하철역 몇 미터까지를 역세권으로 본다는 표현이 없는 것처럼, 사람들의 흐름으로 판단해야 하고 소비를 읽어야 한다. 매장 하나만 달라져도 유동적으로 변화하는 것이 상권이기에 이 책에서 다루는 내용도 공식화하는 것은 힘들고 딱 꼬집어서 이것이 포인트라고 규정하지도 않는다. 여기서는 맞지만 저기서는 아니라고 하기도 하면서 오히려 다양한 시각에서 원인이 되는 요소를 찾고 적용해보는 방법을 이야기하고자 한다. 그리고 이렇게 시장 자체를 보고 설명을 하는 것이 공인중개사가 해야 하는 역할이고 필요한 이유라고 생각한다.

현장에서 우리가 쉽게 볼 수 있는 간판을 통해 기초가 되는 상권의 로직을 설명하고자 했다. 규칙적인 흐름을 보이는 소비 시장 안에서 형성되는 상권의 특성은 무엇인지, 유명 상권이 어떤 곳이고 골목 상권은 어떻게 구별할 수 있는지, 사람들의 소비가 어디서 멈추는지 등 좀 더 쉽게 시장을 읽을 수 있도록 해당 상권이 생기게 된 원인부터 지금의 현상까지 쉽게 설명하고자 했다.

필자가 업무를 하며 접하는 세부 자료와 전문적인 내용은 가급적 사용하지 않으며 누구나 쉽게 찾아보고 적용할 수 있도록 로드뷰와 인터넷 정보를 기준으로 설명했다. 우리가 알고 있는 동네 상권에서 이루어지는 현상을 다양한 시각으로 접근하고, 우리의 일상에서 이루어지는 당연한 상권을 이야기하며 빌딩이라는 상품의 가치를 모두가 쉬운 방식으로 알 수 있게 하고자 했다.

'빌딩 투자 리:셋'이라는 제목처럼 빌딩이라는 상품에 투자하는 방식을 다시 맞춰 더 좋은 방향으로 안내하기를 소망하고 있다. 그렇기에 시장에 있는 여러 지침서와는 다르게 부자가 되는 공식도 없고 지름길을 찾는 방법도 없다. 하지만 이 책을 읽고 나면 알고 있던 시장을 다시 살펴보면서 '아, 저 간판은 어떤 시장의 구조구나.' '이 빌딩은 이런 구성으로 이루어져 있구나.' 하며 새롭게 생각하고 이해할 수 있게 될 것이다.

2022년부터 차가워진 부동산 시장에 다시 훈풍이 불기 시작하고 있다. 자주 방문하는 상권과 사는 동네의 소비 패턴은 어떠한 모습인지 파악하고, 투자의 관점에서 쉽게 접근해 자신에게 적합한 빌딩 투자 방식을 찾아 훌륭한 투자로 이어지기를 소망한다.

임광선

차례

PART 1

빌딩 투자, 상권과 단가를 읽자

PART 2

부동산은 테마다

PART 3

상권의 원동력과 빌딩의 상품성

PART 4

어떻게 투자하면 좋을까?

PART 5

부동산 시장의 기본과 현실

프롤로그

빌딩 투자를 리셋팅하는 4가지 전략

본격적인 이야기를 시작하기에 앞서 이 책의 메시지를 미리 정리하고 들어가고자 한다. 빌딩 투자에 대한 정보를 보면 주로 구축을 새롭게 만들거나 인테리어 부분을 강조하면서 누구나 들어오고 싶은 공간에 초점을 두고 이야기한다. 아니면 최근 유명인 누가 어디를 매입했고 많은 이슈와 사람이 모이는 곳이라며 앞으로 더 발전될 것이라며 마무리되기도 한다.

그렇게 코로나19 시절 강남은 2% 수익률에도 거래되는 급격한 상승기를 겪었고, 투자자들은 빌딩이란 상품이 어떻게 경쟁력을 갖게 되는지 인지하지 못하고 빌딩에 투자했다. 그로 인해 역마진 상황과 공실 리스크에 어려움을 겪는다는 뉴스를 심심찮게

접하고 있다. 심지어 최근에는 '빌딩푸어'라는 표현까지 생겨날 정도다.

필자는 "부동산은 오늘이 가장 싸다."라는 생각으로 발 빠른 투자와 실행이 부자의 길로 안내한다고 믿는다. 진짜 부자들이 이미 수익성이 높은 상품에 투자하고 있더라도 부동산을 사는 이유는 안전자산이기 때문일 것이다. 이렇듯 가능하다면 부동산 투자를 해야 하고 수익성 상품인 빌딩을 통해 안정적인 현금 흐름을 만든다면 더없이 좋을 것이다.

하지만 경쟁이 치열해지고 유사한 상품들과 반짝 뜨고 사라지는 핫플레이스 상권까지 어디에 어떻게 투자해야 좋은 것인지, 건물을 매입한다면 건물주로서 어떤 준비를 하면 되는지에 대한 정보는 찾아보기 어려운 것이 현실이다. 필자는 이런 시장에서 15년간 업을 하면서 경험했던 노하우와 분석 방식을 이 책에 쉽게 정리했다.

작지만 강한 빌딩이라면 수익성은 어떤 것이 있는지 시장에서 보편적으로 임차되는 면적이 어떻게 되고 또 소비되는 상권과 골목별 입지가 어떤 것이 있는지 본격적인 내용을 시작하기 전에 간단하게 중요 기준을 전달하고자 한다.

1. 소비가 이루어지는 위치에 투자하라

유동인구가 임차하며 장사하는 사장의 고객이라면 건물주는 장사하기 위해 임차하는 사장들이 고객이다. 나에게 돈을 지불하는 사람이 이득이 있어야 임대료도 낼 수 있다. 그래서 인구 밀집도의 상권이 아니라 임차하고 싶은 입지의 빌딩을 찾아야 한다. 자연스레 걷다가 들어오는 자리와 가깝지만 손님을 당겨야 하는 입지는 같은 유동인구에도 가치의 차이가 발생한다. 필자는 이것을 '소비력'으로 표현했다.

2. 유명 상권과 우량 상권은 다르다

유명 상권에 사람이 몰리고 젊은 인구의 활발한 SNS 활동이 모두 좋은 결과를 가져오지는 않는다. 상권에서 소화 가능한 수준의 적정 인구가 있다. 이것이 조화되어야 상권도 살아나고 오래 지속이 가능하다. 그렇다 필자는 상권의 활발함도 중요하지만 좋은 상권의 근간은 '지속력'이라 생각하고 설명했다.

3. 소비가 되고 회전이 되는 상권을 읽어라

빌딩에 투자한다면 소비가 이루어지는 상황과 원인을 볼 수 있어야 한다. 그래야 주 소비층이 누구인지 알 수 있고 빌딩의 임차인 구성을 어떻게 잡아야 하는지도 계획하기 좋다. 유명 상권과 골목 상권의 차이는 어떻게 보는지 알려주기 위해 필자는 '간판'을 활용했다. 매일 지나치는 간판을 읽을 수 있게 된다면 이 골목의 소비 성향을 알고 주 고객층도 예측할 수 있을 것이다.

4. 예쁜 빌딩보다 활용성 높은 빌딩이 먼저다

건물을 이쁘게 만들고 효율성을 높이는 행위는 분명 필요하다. 하지만 수요가 없는 입지에서의 공급이거나 해당 입지와 어울리지 않는 전혀 다른 형식의 어여쁨이라면 소비자(임차인)의 외면을 받게 된다. 그래서 필자는 이렇게 이야기한다. "활용성 없는 효율성은 의미 없다." 어떤 상품도 소비자의 외면을 받는다면 비비드한 컬러도 그저 예쁜 포장지일 뿐이다. 또 소비(임차)에 필요한 보편적 면적도 설정해 기준을 잡아보았다. 이렇게 활용성이 높은 입지와 면적을 우선적으로 보고 판단하는 방식을 이야기하고자 한다.

이 책에서 특별히 전문적인 내용을 다루지는 않았다. 다만 시장의 좋은 상품을 찾는 방법을 필자의 인사이트로 설명했다. 어떤 부분을 보면 조금은 다를 것이고, 결론이 아닌 과정에서 마무리되는 글도 있다. 필자가 이야기하고자 하는 것은 도착지가 아닌 방향을 함께해 독자들이 원하는 좋은 목적지로 한 걸음 더 다가갈 수 있기를 바라며 사례를 적었다.

부동산은 지리학으로 시작해 경제학을 배우고 인문학으로 결과를 맺는다는 표현이 있다. 소비가 필수인 빌딩이라는 상품은 사람이 머무는 곳이어야 하고 소비를 꾸준히 하는 곳이 최상의 입지를 찾아야 한다. 이걸 기억하며 이 책을 읽어나가길 바란다.

PART 1

빌딩 투자,
상권과 단가를 읽자

빌딩 투자는
아파트 투자와 다르다

빌딩 시장을 읽는 법

빌딩 투자는 효용성

부동산 투자를 한다고 하면 분양권, 재건축, 재개발, 갭투자, 경매 등 다양한 부동산 방식을 이야기한다. 방식을 보는 순간 어떤가? '아파트에 관한 이야기구나'라는 생각이 든다. 즉 대한민국 부동산 투자 정보의 대부분은 아파트로 귀결되고 기준이 된다.

물론 실거주를 목적으로 하는 사람부터 여러 개의 주택을 소유하는 임대사업자까지 다양한 투자자가 있다. 하지만 부동산의 종류는 다양한데 주택을 제외한 정보는 상대적으로 부족한 느낌을 받았다.

필자도 부동산업을 시작한 주택에서 빌딩 시장으로 옮겨오는 과정에서 빌딩에 대한 정보를 알아보기 어려웠었던 기억이 있다. 내가 중개를 해야 하는데 빌딩 거래를 위한 서류 절차는 알 수 있어도 진정 좋은 건물을 추려서 안내하기 위한 평가는 어려웠다. 토지의 용도지역이 먼저인가? 자본금의 크기가 사람마다 다르니 거래 총액 대비 자금 조달을 우선 상담해야 할까? 리스크인가? 가치 상승인가? 어떤 내용부터 먼저 설명해야 할지 기준을 잡기가 어려웠다. 책을 통해 배우는 내용도 인터넷을 검색해서 찾아봐도 비슷한 이야기와 좋은 매물이라는 추천만 보일 뿐이다.

이런 이유에서인지 홍보성 문구와 주변 군중심리에 이끌려 본인이 감당할 수 있는 정도의 건물을 찾는 사람들이 늘고 있다. 하지만 이런 단순한 이유로 빌딩을 매입하기에는 거래 규모가 너무 크다. 부동산 투자의 종합예술이라 표현되는 빌딩 투자는 부동산이 가지고 있는 다양성을 모두 갖춘 결정체다. 한눈에 파악하기에는 어렵고, 한두 개의 장점에 꽂혀서 거래하면 낭패를 보는 경우가 많다. '나도 저걸 하면 괜찮겠지?' '사람들이 좋다고 하니 괜찮겠지?' 이런 생각으로 투자를 시작하면 안 된다. 매물이 가진 장단점의 기준을 확인하고 주변 매물과 비교해서 효율성 높은 건물을 거래해야 한다.

빌딩 시장, 단순하게 읽자

부동산 투자는 종합예술이라고 한다. 그중에서 빌딩 투자는 상권을 보고 땅의 가치를 알아야 하고 효율성이 높은 건물을 지어야 한다. 준공이 완료된 이후는 임대를 진행해야 하고 건물 관리와 임차사도 관리하고 정리해야 한다. 중간중간 들어가는 세금과 금융비용은 한 번씩 두통을 불러일으킬 정도이니, 종합예술의 끝판왕 같은 존재가 아닌가 생각된다.

이런 복잡하고 어려운 부동산들을 간단하게 비교 가능한 방법이 있다. 거래사례를 알려주는 사이트(앱)인 디스코와 밸류맵을 이용하는 것이다. 유명 상권에서도 메인이 어디인지 매각 금액만으로 어느 위치가 임대가 잘 되는지 확인하는 방법을 소개하겠다.

디스코

다음 페이지를 보자. 총액으로 검색을 하면(위) 어디가 비싸고 저렴한지 한눈에 들어오질 않는다. 가격으로 가기 위한 길을 걷는 것이 아닌 총액만 보며 '와~ 비싸다!'라는 표현만 가득할 것이다. 그러나 평단가로 검색 시(아래) 토지 종류와 상관없이 건대역을 중심으로 안쪽에 이어지는 골목들의 단가를 한눈에 비교가 가능해진다.

디스코에서 총액 및 평단가 확인하기

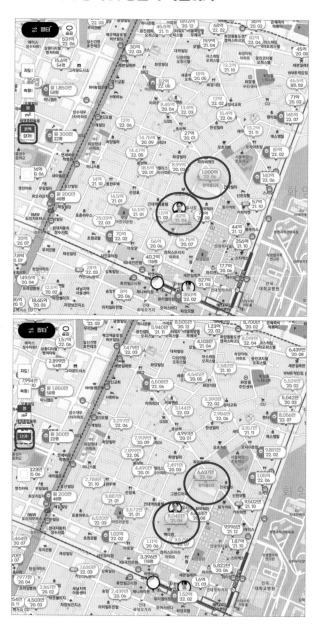

7호선 건대역 방향의 위쪽 대로변 매매가는 2021년에서 2022년으로 넘어가면서 평단가 1억 원을 넘어가고 있음을 알 수 있고, 건대역과 인접한 대로변은 2021년에 평단가 1억 8,700만 수준에 거래가 되었음을 알 수 있다. 이것은 로케이션에서 나오는 사람들이 움직이고 소비하는 거리가 어슷한 골목에서 끊어지고 있음을 알 수 있다. 이것은 임대료와 임차인의 차이로 이어지게 되고, 로드뷰를 보더라도 알 수 있다.

또 안쪽 노란색 표시의 단가를 보면 1천억 원과 40억을 당연히 위에 있는 매물이 더 비싸게 보인다. 그리고 용도지역을 보면 1천억 원 매물은 일반상업지역이고 40억 원 매물은 2종일반주거지역이다. "역시 상업지역은 비싸게 거래되는구나!"라는 생각을 하게 된다. 하지만 이 상황을 정확하게 표현한다면 1천억 원이 더 비싼 게 아니고 무거운 금액인 거다.

25배나 되는 금액이 비싼 게 아니라고? 아래쪽 이미지의 평단가를 보자. 1년 이상 먼저 팔린 40억 원 매물은 8천만 원대 단가이고, 1천억 원 매물은 6,600만 수준의 평단가에 거래되었다. 그렇기에 더 많은 금액으로 거래되었어도 비싼 게 아니라 무거운 금액인 것이다. 넓은 토지를 거래하면 분할된 금액보다 평단가가 낮게 책정되는 것이 일반적인 사례이기는 하나, 도시 중심의 유명 상권에서는 단순히 토지 규모로 저 정도로 낮게 거래되지는 않는다.

토지가 시장용도로 제한된 일반상업지역이기에 개발 용도가 제한적이라는 이유도 있었으나, 필자가 생각하는 가장 큰 원인은 유동인구의 이동과 소비가 이루어지는 메인 골목이냐 아니냐의 차이다. 실제 바로 옆에는 시장 골목도 있으며 북쪽으로 접한 도로에는 다양한 상가가 들어와 있더라도 40억 원 매물의 거리와는 선명한 차이를 보인다. 소비가 이루어지는 이면 골목이 대로변보다 한결 높은 단가로 거래되는 경우들도 많이 볼 수 있다.

밸류맵

밸류맵의 평단가 메뉴를 클릭하면 토지/건물, 평/m^2의 구분이 나온다. 필자가 중요하다 생각되는 포인트를 설명하도록 하겠다.

건너편 홍대 메인 상권 위로는 연남동 유명 상권이 있으나 한눈에 들어오는 설명을 위해 홍대입구역 2번 출구 뒤 이면 입지를 비교해보자. 총액으로 보면 38억 원부터 85억 원까지 2배가 넘는 금액이 눈에 들어온다. 비록 내가 지금 살 수 있는 빌딩은 아니더라도 입지와 매물의 가치를 본다는 면에서, 인접한 매물의 가치는 어떻게 이루어졌는지 확인해보려고 한다. 원하는 금액대가 아니어도 비교 검토는 필수이니 다시 평단가로 들어가보자.

우선 단가로 들어가면 토지와 평으로 확인한다. (중소형 빌딩은 토지 단가이며, 건물 연면적 단가는 프라임급 빌딩*에 적합하다.) ①

밸류맵에서 총액 및 평단가 확인하기

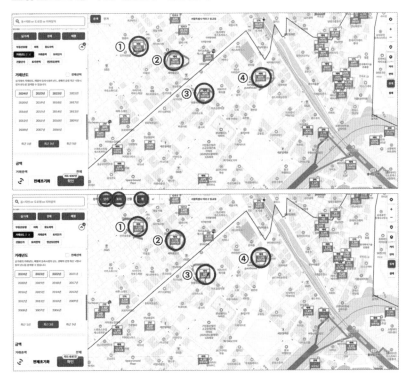

7,300만 원/평, ② 1억 1,000만 원/평, ③ 8,000만 원/평, ④ 1억 1,000만 원/평으로 유사한 듯 차이가 있다. 여기서 홍대와 연남동의 세부 상권은 익숙하지 않은 사람이라도 연남동과 이어지는

• 한국감정원은 건축연면적 기준, 서울은 33,000m²(약 10,000평) 이상, 분당, 부산, 송도 지역은 16,500m²(약 5,000평) 이상 오피스 빌딩을 프라임급으로 분류한다. 하지만 일반적으로는 10,000m²(약 3,000평)를 이야기하는 경우가 많다.

골목과 도로 너비까지 ④번 매물이 가장 유리해 보일 것이다.

　그럼 왜 안쪽 ②번도 유사한 매각 단가로 홍보가 되고 있을까? 가장 먼저 보이는 이유는 신축에 의한 건물 컨디션이다. 그리고 수익률과 우량 임차인 등 여러 가지 이유를 찾을 수 있다. 그런데 위 ②번과 ④번 매물은 준공 승인도 1년 정도로 건물 컨디션의 차이도 크지 않다.

　참고로 필자는 4개의 건물 모두 장점을 있고 좋은 매물이라 생각한다. 다만 좋고 나쁨이 아닌 나에게 맞는 매물을 비교 검토하는 방식을 말하고 싶다. 단순하게 '그래서 무엇이 좋다는 것인가?' 하고 초점이 흐려지면 안 된다.

　다시 매물로 들어가서 ③번의 평단가가 ②번보다 저렴한 이유는 노후된 건물이라는 이유가 클 것이다. 그리고 골목별 단가의 차이를 실현하지 못한다면 상권에서 유동인구 효과는 크지 않은 지역일 가능성이 높다. 참고로 홍대입구역 2번 출구 뒤 상권은 먹자가 중심이 아니라 중소형 사옥으로 투자가 더 많이 이루어지고 있다.

　또 골목에 이루어진 간판을 봐야 한다. 몇 층까지 상업용 간판이 있는지 경쟁업체가 들어와도 운영이 되는 골목인지는 간판을 보면 알 수 있는데 세부 내용은 상권을 설명할 때 다시 이야기하도록 하겠다.

　이렇게 어떤 상권에서 어느 골목이 가장 높은 단가에 거래가 되는지 온라인으로 확인하고 현장 답사를 진행한다면 왜 그런지 이유를 더 쉽게 확인할 수 있다. 단가에 대지면적을 곱해주면 해당 매물의 시세가 나오는 것이다.

우선 시세 검토를 한 후 수익률이 좋은지 새롭게 지어진 건물인지 추가로 세부 내용을 적용해서 생각한다면 빌딩 가격의 합리적 기준을 빠르게 판단할 수 있다. 매입을 한다면 전체 상권에서 판단하는 것이 아닌 내가 매입하려 하는 위치의 가격이 얼마인지 판단할 수 있고, 매각을 한다면 현재 시세에서 내 건물의 위치 단가를 확인 후 추가 보완사항까지 검토해 좋은 가격을 받을 수 있을 것이다.

물론 이런 합리적인 대화로 빌딩 시장이 거래되지는 않는다. 그래도 이 빌딩이 어느 정도 수준으로 기준에서 차이가 있는지 스스로 판단한다면 실행하는 결정에 큰 도움이 될 것이다.

꼬마 빌딩의 기준은 토지다

절대면적의 중요성

　'꼬마빌딩'이란 표현이 시장에 등장한 지도 상당한 시간이 흘렀다. 꼬마빌딩의 정확한 기준은 없으나 상대적으로 작은 규모의 건물을 가리키는 표현으로 사용되고 있다. 일반적으로 4층 이하의 건물이 많고 2020년 정도 30억~50억 원 사이의 금액대를 이야기했으며, 최근에는 부동산 시장의 변동으로 인해 100억 원 이하의 건물이 꼬마빌딩으로 언급되고 있다.

　이렇게 상대적으로 가볍고 노후된 건물들을 새롭게 신축 또는 증축 및 대수선을 해 멋진 건물로 만드는 것이 빌딩 거래의 정석처럼 시장을 강타하고 있다. 그러나 작은 건물에서 나오는 면적의 한계가 있고 임대시장에서 주로 선호되는 면적이 몇 평인지 알고 들어와야 한다는 것이다. 식당도 주방 면적과 테이블 개수에 따른 회전수로 일 매출을 맞춰 견적을 산출한다. 무인점포나 판매점의 경우 작은 사이즈도 있으나 보통 손님이 들어와 매장에서 돈을 지불하게 만드는 규격이 있다는 것이다.

사무실 임대차의 경우도 그렇다. 한 층의 바닥면적을 기준에서 3가지 면적으로 임차수요가 나뉘며 다음과 같이 구분된다.

소형 사무실

사용하는 전용면적 30평 내외인 소형 사무실은 작은 기업이나 창업자 등이 사용하기에 적합하다. 보통 10명 전후의 직원이 사용하며 부담 없는 임대료로 중소기업과 벤처기업에서 선호하고 있다. 주로 이면에 위치하며 대지 75평 이상의 면적에서 활용되고 있는 구조다.

중간 규모 사무실

사무실 면적이 50~70평 정도이며 직원 숫자가 20명이 넘어서며 찾는 규모다. 최소 40평 이상으로 병·의원으로 수요도 꾸준한 면적으로 입지에 따라 적합한 업종으로 활용되고 있다. 대지면적은 최소 100평은 넘어야 가능하며 대로변 3종일반주거지역 또는 대로 바로 이면에 위치한 건물에서 많이 보인다.

대형 사무실

전용면적 100평 이상을 이야기하며 대기업의 경우 바닥 면적이 크면 클수록 좋아하는 성향이 있다. 기본적으로 여러 명의 직원 수용 능력과 함께 기업의 규모와 이미지에 상응하는 사무실 분위기를 위한 것도 있다. 이런 건물을 대로변 상업지를 중심으로 모여 있으며 자주식 주차 시설 유무도 중요한 검토 항목이다.

강남 빌딩 시장에서 이루어지는 임대차 방식으로 소형 사무실의 빈도수가 가장 많으며 꼬마빌딩이라 회자되는 매물들보다는 조금 더 큰 규모다. 물론 건물의 입지와 활용에 따른 면적은 다양할 것이나 한 층에 20평도 나오지 않는 건물은 입지조건이 매우 뛰어난 상황이 아니라면 결국 활용도가 한정적일 수밖에 없다는 것이다.

그 이유는 한 층에서 활용하고자 하는 효용 면적이 있기 때문으로 한 층에 20평 정도 나오는 건물은 입지조건이 매우 뛰어나지 않는다면 결국 활용가치의 하락으로 건물에서 발생하는 수익도 낮아지게 된다. 사무실 사용 면적으로 생각하게 되면 직원 1인이 약 2평 정도 사용하고 10인 회의실이 3평, 탕비실 1평에 대표실까지 생각한다면 사무실 20평 기준 적정 인원은 5명 전후가 될 것이다. 신생 회사를 목표 임차사로 생각하는 것이 아니라면 최소 30평 가까운 면적의 사무실이 나와야 시장 경쟁력을 갖춘 건

일반적인 30평 도면

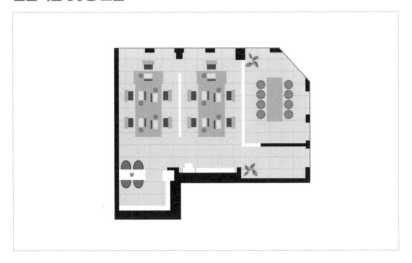

물이 된다.

위 사무실 면적에서는 공용면적(계단, 엘리베이터 등)이 빠진 것이라 8평을 추가로 계산하면 건축면적이 40평 가까이 나와야 한다. 이런 시장의 내용을 알지 못하고 보편적 입지에서 전용면적 20평 정도의 건물을 멋스럽게 만들어도 시장 경쟁력은 낮아지게 된다. 작은 테라스와 루프탑은 옵션으로 건물을 더 좋게 만들어주는 것이지 건물의 가치를 기본적으로 받쳐주는 조건이 아님

• 사무실 구조에 따라 수용 인원의 차이는 있으나 일반적으로 1평=1.818m×1.828m이고 책상 사이즈가 1,200mm×600mm 사용하며 의자를 꺼내는 동선 가동 범위가 600mm라고 한다면 이동 통로까지 계산하면 1인당 면적은 1평보다 넓게 사용한다.

을 명심해야 한다. (계단과 엘리베이터는 6~10평 전후로 설계되는 경우가 많다.)

이렇게 건물 사용료를 지불하는 사람들이 어떤 면적을 필요로 하는지에 대한 내용도 없이 대지가 작은 매물의 총액이 가볍다는 이유로 선택을 하고 좋은 자재들로 멋스런 건물을 올린다는 기대에 부풀어 진행하다가 임차사를 구하지 못해 낭패를 보는 경우가 심심치 않게 보이곤 한다. 빌딩의 입지가 나쁘면 건물의 컨디션은 의미가 없듯이 빌딩의 활용성이 낮으면 건물 컨디션과 상관없이 리스크는 올라가고 가치는 떨어지게 되는 것이다.

내가 매입하는 건물의 경쟁력이 어디에서 시작하는지 생각하면 꼬마빌딩의 멋스러운 외관과 내부 시설이 첫 번째 포인트가 아니라 토지면적에 따른 바닥면적의 효율성을 먼저 살펴보고 건물 가치를 판단해야 한다.

> **건물의 수익을 만들어주는
> 임차업체가 원하는 절대 면적이 있다.**

3종주거와
2종주거의 차이?
토지면적에 따른 활용도

건물의 바닥면적에 따른 활용도는 다가구주택을 검토할 때 기준이 된다. 대로 이면에서 월세 주택을 검토하는 경우 사선제한으로 어슷하게 잘려나간 공간의 임대보다는 한 층에서 최대의 효율을 뽑아내는 것이 수익 극대화에 도움이 된다. 대지면적 70평 전후의 토지가 많아 기준 평수로 계산을 하면 아래와 같은 바닥면적이 나온다.

대지면적	2종일반주거 (60%)	3종일반주거 (50%)
70평	42평	35평

※ 다가구주택 구조의 필요 면적은 공용면적 8평, 투룸 12평, 원룸 7평이 사용된다.

건물의 연면적과 높이는 중요한 부분이나 상품에 따라 한층 면적의 활용이 더 우선시되는 경우다. 옥탑방 형식은 역세권 주거 밀집지역에서는 상품성이 낮게 평가되고 사선제한에 맞춰 어슷하게 잘려 나가 있다면 더욱 자투리 공간으로 전락할 수 있다.

용적률이 아닌 바닥면적이 효율적일 수 있다

건물의 연면적과 높이는 중요하지만 상품에 따라 한 층 면적의 활용이 우선시되는 경우도 있다. 옥탑방은 역세권 주거밀집지역에서는 상품성이 낮게 평가되고 사선제한에 맞춰 어슷하게 잘려나가 있다면 자투리 공간으로 전락할 수 있다. 이러한 이유로 한 층에 투룸 2세대와 원룸 1세대와 같은 구조로 건물 바닥면적을 활용하는 것이 건축비 부담도 줄이고 관리의 편의성, 높은 수익까지 가져다준다. 이렇듯 같은 상권 동일 골목에 위치하더라도 토지면적에 따른 활용도가 있다. 작은 골목 하나를 사이에 두고 둘 다 코너 건물 우수한 가시성이라면 용도지역에 따른 건물면적과 활용도 검토로 건물의 실질적 가치를 높일 수 있다.

당연히 소형 면적을 사용하는 수요도 있고 소형 건물에 투자하는 장점도 있지만, 면적에 따른 위험과 한계 역시 명확하게 존재한다. 강남대로 이면의 조용한 상권에 속한 역세권 3종일반주거지에 60평 토지에 수려한 건물을 준공했음에도 1년 넘게 공실을 채우지 못한 일도 있었다. 이런 현장은 신축하기보다는 가벼운 리모델링을 통해 비용은 줄이고 임대 수익은 올리는 형식이 적합했을 것이다.

1층이
무너지고 있다
안정적인 수익을 위한 리스크 분산

1층의 임대료는 2층 임대료의 2배 수준으로 형성되어 있다. 실제 구분상가 분양 가격을 보아도 1층이 2층보다 2배 이상 높은 수준으로 책정되어 있는 것을 볼 수 있다. 중소형 빌딩은 1층 임대수익이 건물 전체의 50%에 육박하는 매물이 보일 정도로 1층 임대료의 비중은 실로 엄청나다고 이야기할 수 있다.

하지만 시대가 변하면서 모든 건물에 유사한 기준을 적용하기 어려운 시장이 되었으며 소비문화의 변화와 포화 상태인 상가들로 인해 중요한 수익원인 1층을 포기해야 하는 시대가 오고 있다. 아니 우리가 살고 있는 지금이 1층에 대한 이상보다 지상층의 가치를 더 올리기 위해 집중해야 하는 시대에 있다고 해도 과언이

2019년 동탄신도시

출처: 카카오로드뷰

아니다.

실제로 1층이 아닌 상부층(2층 이상)을 전략적인 매장으로 오픈하는 업체들은 오래되었으며 유명 브랜드인 설빙은 "초기 투자 비용을 줄이고 고객에게 쾌적한 서비스 제공을 위해 2층 이상을 선호"한다는 마케팅 전략을 세웠다. 심지어 1층의 메인 임차 업체인 은행들도 ATM기 현금지급기 시설만 1층에 두고 넓은 면적을 사용하는 지점은 2층에 자리하고 있다.

이렇게 마케팅적인 요소와 건물 활용의 변화도 있지만 현실적인 1층의 몰락은 온라인 쇼핑의 성장과 함께하고 있다. 의류, 잡화 등 소매업체들의 시장 경쟁력이 약해지면서 현실적인 임차수요가 줄어든 이유도 있다. 실제 이면 골목에 위치한 중소형 빌딩을 보면 직접 방문해야 하는 요식업이 주요 상권을 만들고 있으며 더 안쪽으로 들어가면 편의점을 제외한 상가는 쉽게 보이지 않는

상권별 2층 임차 사례

출처: 네이버 로드뷰

다. 이런 현상들은 대로변 1층 상가에서도 유사하게 보인다.

즉 사람들이 걸어 다니는 위치로 인한 고객 유치력인 워킹손님으로 발생하는 매출이 1층의 가장 큰 장점이었던 시절에서 이제는 대부분 건물에 엘리베이터 시설이 설치되어 상부층으로 이동이 편리해져 계단의 부담이 낮아졌다.

또 스마트폰이 없던 시절에는 길을 걷다가 간판을 보고 매장에 들어가는 패턴이 주였던 시기로 유동인구가 많은 지역 잘 보이는 간판이 곧 임대료였다. 가시성이 높은 위치의 홍보용 매장 오픈도 온라인 마케팅에 밀려 이제는 실행하는 업체가 적고 스마트폰으로 가고자 하는 매장을 찾고 방문하는 문화로 변화함에 1층의 경쟁력은 지속적으로 낮아지고 있다.

이런 현상들로 인해 이면에 있는 중소형 빌딩에서 1층을 필로티 주차장으로 활용해 임차사들의 편의성을 높여주고 건물 전체의 임대 단가를 높이는 방식을 적용하는 사례도 늘어나고 있다.

이렇듯 중소형 빌딩의 입지를 고민하고 안정적인 수익을 발생하게 하려면 1층의 높은 임대료와 공실 리스크를 함께 검토해야 현실적인 방향점을 찾을 수 있다. 바로 옆 건물은 식당이 잘 운영되고 있어도 내 건물은 임차가 되지 않아 오랜 공실 끝에 예상보다 현저히 낮은 금액으로 임대계약을 진행할 수도 있는 것이다.

시장에서 소비자에게 외면받는 상품을 만드는 것은 피해야 한다. 내 건물의 입지에 대한 1층 매장의 수익성에 대한 불안성이 크다면 1층의 임대료를 위층으로 분산해 올리는 상품의 빌딩을 구상해 계획하는 것이 필요한 시대다.

**가장 큰 수익의 1층 매장이 입지에 따라
가장 큰 리스크가 될 수 있다.**

로케이션보다
중요한 것은 없다
부동산의 중요 요소

부동산의 중요 3요소 중 첫 번째는 로케이션이고 두 번째도 로케이션, 세 번째도 로케이션이라 이야기를 한다. 이것은 입지가 부동산 투자의 기본이고 강조하고 강조해도 부족하다는 이야기다.

우리가 투자하면서 판단하고 선택할 수 있는 것은 타이밍과 부동산의 입지 2가지다. 입지는 연구하고 개발이 가능하나 타이밍은 언제가 바닥인지 알 수가 없다. 참고로 필자는 항상 "부동산은 오늘이 가장 싸다."라고 이야기한다. 하지만 저점을 잡기도 어렵고 특수한 상황을 제외하면 쓸만한 부동산을 손해 보고 매각하는 경우도 없기 때문이다. 그래서 우리는 입지에 대한 연구를 계속해서 좋은 위치를 좋은 가격에 거래하고자 하는 것이다.

상업용 부동산을 매입하는 로케이션 포인트를 정리하면 첫 번째는 지하철 역세권 같은 접근성, 두 번째는 얼마나 많은 사람이 있는지 유동인구와 상주하는 배후 인구수, 세 번째는 사람들의 소비를 끌어내는 상권의 힘으로 크게 분류할 수 있다. 하지만 이런 구분은 장사라는 범주 안에서 이야기되는 것이고 빌딩 투자자는 장사를 하고 싶은 사람을 손님으로 받아야 하는 것이다.

좋은 입지의 빌딩은 사람들이 모여드는 상권이다. 너무도 당연한 이야기여서 당연히 가격도 높게 형성되어 있다. 그런데 꼭 유명 상권만 사람이 모여드는 것은 아니다. 학군이 형성된 지역은 학원들이 모여 소비가 만들어지듯이 같은 지역이라도 인근 건물들의 상황을 파악해 임차수요가 모이는 입지를 잡아야 한다. 법원이나 관공서가 위치한 곳은 법무사, 세무사, 변호사 사무실들이 중요 임차사로 자리하고 있고 메디컬 빌딩은 사람들이 자연스럽게 모이는 지하철역과 인접하게 있듯이 지방으로 가면 터미널 근처에 1차 병원들이 모여 있다. 여행지로 이동하는 국도에 유명 식당들, 경치가 좋은 곳에 자리한 카페 건물들도 사람들이 모여드는 상권이 될 수 있는 것이다. 그렇다고 외딴 위치의 빌딩 투자도 좋다는 이야기가 아니다. 거시적인 경제 시각과 많이 거론되는 내용이 아닌 실질적인 임차수요가 풍부한 위치가 진정한 로케이션인 것이다.

지하철역이 있다고 해도 지역의 특성이 주택지이고 다른 지역과의 이동성이 좋아 선호도가 높은 곳이라면 아무리 지하철 역세권이라 하더라도 그저 흘러가는 동선 중 하나일 뿐이다. 예를 들어 승하차 인구가 많은 지하철도 오직 외부로 나가기 위한 동선이라면 유동인구가 풍부하다는 이유로 좋은 상권이 될 수 없는 것이다. 집에서 나가면 다시 들어와야 하기에 지하철 출퇴근이 많이 있다면 승하차가 많은 건 당연한 현상이다.

간판들을 읽어 나가다 보면 많은 사람이 있고 하루 종일 유동인구가 줄어들지 않아도 식당, 주점, 노래방처럼 소비가 이루어지는 간판이 일부 골목에 한정된 지역이 있다. 평소에는 "저 골목이 먹을 곳이 많네."라며 단순하게 생각하고 지나간 골목이 내재된 인구수에 비해 상권이 작게 이루어진 곳들이 있다. 그리고 맛이 좋은 식당에도 어지간해서 대기가 나오지 않는 이유는 유동인구가 바로 소비자는 아니기 때문이다.

로케이션에서 이야기하는 교통 접근성, 위치, 환경요인과 인프라처럼 기존 이야기되는 부분을 부정하는 것이 아니다. 이런 로케이션은 여러 번 반복해도 부족하지 않다. 하지만 소비가 이루어지지 않는 이런 지역에서는 로케이션이 좋다 해도 빌딩 투자를 위한 범위를 넓히는 방법을 선택하기보다는 필수 소비가 이루어져야 하는 핵심 위치에 있는 빌딩을 잡는 것에 초점을 맞추고 검토하는 것이 적합하다.

필수 소비가 이루어지는 위치에 있는 건물의 세부 임대차 내역을 확인하고 수익률 계산을 하면 생각보다 높은 수익성을 볼 수 있는 경우가 많다. 지역의 부동산 가격은 높지 않은데 핵심 입지는 공실도 발생하지 않고 꾸준하게 들어오려는 소비자(임차인) 문의가 있어 자연스럽게 월세 상승도 가능하기 때문이다.

꼭 화려한 건물만 찾아 거래하는 방법이 전부는 아니다. 아이가 없이 부부의 삶을 즐기는 딩크족이 노후를 위해 빌딩 투자를 생각한다면 시세차익의 기대가 크지는 않아도 안정적으로 현금흐름이 일어나는 빌딩 매입도 좋은 선택이라 하겠다.

> **로케이션의 규칙은 없다.**
> **소비가 발생하는 입지가 최고의 로케이션이다.**

상권의 명칭을 정의해보자

상권의 분류

　수익용 부동산에서 빼놓을 수 없는 단어가 '상권'이다. 강남역 빌딩, 명동 빌딩 이야기만 들어도 "와~ 좋겠다."라는 생각이 드는 건 누구나 아는 우리나라 최상급 상권이기 때문이다. 상권은 사람들을 끌어들이고 소비하게 만드는 힘이 있는 장소다. 그리고 이런 상권을 분석하고 아직 저평가된 입지를 찾아 투자하려는 노력은 경쟁적으로 지속되고 있다. 그럼 상권의 분류는 어떻게 하는 것일까?

　부동산 용어 사전에 다음과 같이 정의되어 있다.

지리 조건을 보아 **지역성을 포착하는 작업**으로, 지역의 중심성(中心性)에 입각하여 도시의 흡인력과 주변과 관계, 소매 및 서비스업 제 활동의 밀집·위치·규모·성격·가격으로 나타나는 여러 가지 특성을 지표면상(지도)에서 포착하는 것을 말한다. 상권측정은 최종적으로 **지도화(mapping)**하여 지도상에 구체적인 시장을 표시하여 끝낸다. 상권의 측정방법(商圈測定法)은 지역개념으로서 동질지역, 분극지역, 계획지역이라고 하는 세 가지 분류와 지역성으로써 보편성, 개별성, 연대성의 세 가지 특성에 따라 정리할 수 있다.

[네이버 지식백과] 상권측정 [商圈測定] (부동산용어사전, 2020. 09. 10., 장희순, 김성진)

원론적인 설명을 찾아보면 지역성을 포착하는 작업으로 도시의 흡인력과 주변과의 관계를 경제활동의 특성을 지도에 포착하는 것이다. 방식에는 상권 측정법, 현지 조사법, 수학적 분석법 등 다양한 학문적 방식이 있다.

그렇지만 상권은 자로 잰 듯이 '지하철역 몇 미터까지 역세권으로 분류한다.' '유동인구 몇 명이 넘어가면 유명 상권으로 기재한다.' 등 명확한 구분이 불가능하다. 여러 상권을 다니면서도 "어! 안쪽에 이런 골목이 있었네?" 하면서 사람을 불러오고 소비하게 만드는 경험을 해본 적 있을 것이다. 꼭 대로변이라 좋은 것이 아니고 이면 골목이라 해도 상권이 생길 수 있다.

여기에서는 학문적인 내용이 아닌 경험으로 많은 사람이 공감할 수 있는 상권의 분류를 설명하도록 하겠다. 상권의 개념이 객관적이지 않을 수 있다. 필자의 경험으로 만들어진 것이니 결과가 아닌 과정을 잡아가는 논리에 초점을 맞춰 생각해주길 바란다.

상권은 살아있는 생물이다. 그렇기에 정확한 수치를 만드는 엑셀로 모든 것을 정리할 수 없다고 생각한다. 상권을 있는 그대로 받아들이면서 유동인구 흡입력과 소비력의 차이를 구분해보자.

유명 상권과 골목(지역) 상권

대한민국 상권의 중심 강남역에, 우리나라 대표적 먹자골목인 종로에, 형식의 표현은 많이 들어봤을 것이다. 그럼 유명 상권에 대한 정의는 생각해본 적이 있는가? 어디에 어떤 맛집이 생겼고 어느 곳이 최근 가장 '핫플(핫플레이스: 인기 있는 장소)'로 떠오르고 있다는 미디어의 이야기에 '이 장소가 좋은 곳이구나.' 생각했을 것이다. 그리고 더 오르기 전 발 빠른 투자를 위해 서둘러 임장을 가곤 한다. 그런데 왜 그곳이 핫플인지 알고 있는지는 다른 문제다. 보통 최근 트렌드가 있으니까, 젊은 사람이 좋아하는 문화가 모여 있으니까 하며 홍보 팸플릿에 있을 법한 이야기를 하는데, 주식으로 비유하면 대문짝만한 신문기사를 보고 매수하는 것과 무엇이 다를까 싶다.

2018년 더본코리아의 백종원 대표가 국정감사에 참고인으로 출석해서 "먹자골목과 골목 상권을 헷갈리시면 안 된다. 먹자골목은 자유경쟁 시장이고, 골목 상권에 들어가지 않는다."라고 말했다. 이때 여러 사람이 상권에 관심을 가졌으나 오래지 않아 식어버렸던 기억이 난다. 그 누구도 상권을 명확하게 정의 내리지 못하고 상권 자체보다 상권이 가지고 있는 이슈들이 더 흥미로워서 오래 거론되지 못한 것 같다.

하지만 빌딩 투자를 한다면 작게는 몇십억, 많게는 백억 단위 큰돈을 투자하는데 빌딩의 상권이 어떤 성향이고 어느 정도의 힘이 있는지 확인하고 분류하는 일은 반드시 해야 하는 활동이다. 상권에 대한 여러 학문적 분류도 있고 다양한 해석이 있지만 정량적인 분석의 통계학적 접근은 상권이 가지고 있는 질적인 분석을 하기에는 어려움이 있다고 생각한다. 필자가 부동산업을 하면서 알게 된 정보들을 모아보면 실생활 상권은 엑셀에 모두 담을 수가 없다는 결론이다.

필자가 분류하는 유명 상권은 소비자들을 끌어모으는 힘이 있고 장소에 도착해서 소비하게 만드는, 즉 돈을 쓰기 위해 이동을 해서 가는 곳이다. 골목 상권은 외부에서 소비자를 끌어당기는 힘이 없이 배후에 있는 인구로 소비가 이루어지거나 필요에 따라 방문한 인구로 시간과 상황에 맞춰 소비가 이루어지는 장소다.

유명 상권으로 종로 금강제화, 신촌 현대백화점, 압구정 맥도 날드, 대학로 혜화역 4번 출구 등 추억 속 약속장소를 꼽을 수 있 다. 서울이 아닌 지역에도 이와 유사한 유명 상권과 약속장소가 있다. 이렇게 소비를 위해 찾아가는 지역은 현금 흐름이 멈추지 않고 지속되는 상권이다.

반면 유동인구가 많고 상당한 소비가 이루어지는 상권이라 하 더라도 일상적인 이동으로 근처에 있는 상가를 방문하는 것이라 면 내재된 인구에서 나오는 소비로 보는 것이 맞다. 소비를 위해 모여드는 장소가 아니라면 골목 상권이라 말할 수 있다.

한 가지 더 예를 들어보자. 교대역 상권처럼 매우 유명한 것 은 아닌데 주변 인구들을 흡입하는 상권도 있다. 넓은 범위의 지 역에서 사람들이 찾아오는 것은 아니어도 충분한 인구가 있는 서 초, 강남의 사람들이 소비를 위해 모여들곤 한다. 교대역 상권처 럼 차량 이동이 인접한 거리의 인구들을 흡입하는 상권들이 각 지 역에 많이 포진되어 있고 중소형 빌딩 투자에 적합한 매물이 상당 히 보이는 상권이다.

꼭 교대역을 이야기하는 건 아니다. 총금액이 높은 유명 상권 에 들어갈 것이 아니라면 꾸준히 인근 지역의 인구를 흡입하는 소 비력을 갖추고 서초동 법조타운처럼 법원, 검찰청, 등기소와 여 기서 파생된 수많은 법률 사무실까지 2가지 장점을 조용하게 가 지고 있는 지역에 들어가는 것이 리스크를 줄이고 투자를 시작하는 방법이다.

지역마다 이렇게 중간급 정도로 약속을 잡는 장소가 있을 것이다. 총비용이 무거워 대형 유명 상권으로 들어갈 수가 없다면 지역마다 소비를 위해 모이는 약속장소를 찾아 건물을 매입하는 것도 하나의 방법이다. 유명한 지역의 끝자락은 결국 돈이 흘러갈 가능성이 있다. 돈이 소비되는 장소가 조금 가격이 높아도 매입해야 하는 건물이고 밸류에드˙를 진행할 자리다.

가장 기본적인 유명 상권과 골목 상권 분류도 현장에서 설명이 난해한 부분이 있다. 그래도 내가 투자하는 지역이 누구나 아는 유명 상권에서 살짝 바깥쪽으로 치우친 입지인지 골목 상권에서 흔들림 없는 중심 입지인지 구분하고 비교한다면 적합한 투자가 가능하고, 매입 이후 건물 운영 방향도 한결 명확해질 것이다.

> ### 상권을 구분하는 기준점을 만들어
> ### 시장을 읽어야 한다.

• 밸류에드(Value-add)는 부동산의 가치를 높이기 위해 이루어지는 행위를 말한다. 물리적으로는 리모델링이나 인테리어 변화 등이 있고, 운영적으로 시스템을 도입해 관리비용의 절감 또는 임대 수익의 증가를 만드는 방법도 있다. 빌딩 소유주가 가치 상승을 위해 하는 모든 활동이라고 할 수 있다.

중심 상권과 날개 상권의 차이

유명 상권을 알아봤자면 이제 그 상권 안에서 이루어지는 중심 상권과 날개 상권의 입지를 나누어보도록 하자. 이 역시 명확하게 정의되어 있지는 않으나 일상적으로 사용되는 표현이며, 날개 상권은 사이드 상권이나 바깥쪽 입지라고 표현하기도 한다.

중심 상권

도시나 지역 상권의 중심지로 상업시설과 금융기관, 관공서 등이 집중되어 있는 지역이다. 이곳은 유명 매장과 숙박시설 등이 밀집되어 있으며 인구 밀도가 높고 교통이 매우 활발하다.

날개 상권

중심 상권 주변에 위치한 지역으로 중심 상권의 영향을 받기는 하나 상대적으로 조용하고 주거지역이나 중소규모의 상업시설이 분포해 있는 지역이다. 일반적으로 중심 상권에 비해 임대료가 낮고 주거지역과 유흥가 및 소규모 상점 등이 함께하고 있다.

우선 날개 상권이라는 표현은 제도권에서 사용하는 정형적인 표현은 아니다. 포털 사이트에 검색을 해봐도 쉽게 나오지 않는다. 그러나 부동산 시장에서는 종종 사용되는 표현이다. 같은 상

잠실새내역(옛 신천역) 상권

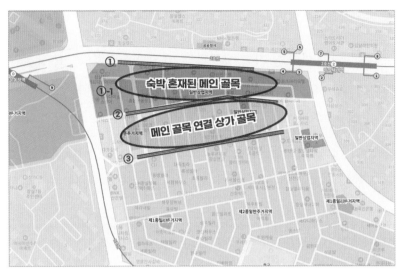

출처: 카카오맵

권 안에서도 입지에 따른 빌딩의 가격이 달라지기에 단어를 정의
해서 기준을 나누고 송파에 있는 잠실새내역(옛 신천역) 상권을 예
로 들어 검토해보겠다.

위 지역은 잠실새내역 상권이다. 서울 여느 상권처럼 특별한
문화나 명소가 있지도 않고, 지하철 노선도 2호선 하나만 지나 교
통 면에서도 특별한 장점은 없지만 24시간 내내 돌아가는 상권이
다. 덕분에 유동인구가 특정 매장이나 골목에 집중되지 않는다.
대신 대로변, 이면, 그 이면 등 입지에 따른 장단점이 훤히 보이
는 상권이다.

또한 잠실새내역 상권 주변은 전형적인 주거지다. 아파트가

밀집되어 있고 남쪽으로는 다가구·다세대주택이 밀집되어 있다. 오피스보다는 상가들이 모여 있어 항아리 상권 같은 느낌을 주다 보니 서울 외 다양한 지역 상권과도 비교해볼 만하다. 또 상권의 변화가 바로 뒤 골목마다 선명하게 바뀌어서 임차인의 간판만 봐도 알 수 있을 정도다.

①번 대로변은 일반상업지역으로 용적률이 높아 10층 이상의 높은 건물이 주를 이룬다. 높은 임대료 유지가 가능한 은행, 자동차 영업점과 맥도날드, 버거킹, KFC 같은 대형 프랜차이즈가 들어와 영업하고 있으며, 기준층(2층) 위로는 병·의원들이 중심을 이루고 있다. ①-1번 골목은 대로와 붙은 일반상업지역 대지의 사이 골목으로 모텔들이 자리하고 있다. 일반상업지역에서 숙박업 사업자 용도 허가가 가능하기 때문이다. 2020년 전후로 일반상업지역에 있는 숙박시설을 매입하고 오피스텔 등 연면적을 활용하는 개발이 성행해 ②번 골목에 접한 건물들의 개발도 이루어지고 있다.

바로 뒤 ②번 골목이 약속장소로 많이 들어보았을 신천성당(정식 명칭은 잠실성당)으로 메인 먹자골목이다. 1990년대, 2000년대를 지나며 시대에 맞춰 업종이 변하고 골목의 분위기가 바뀌어도 여전히 24시간 소비층이 끊이지 않는 거리다. ②번 골목에서 위아래로 이어지는 상가들까지 중심 상권이라고 볼 수 있다.

③번 골목이 날개 상권의 시작으로 다세대·다가구 주거시설과

함께 상권을 유지하고 있다. 이 골목의 아래로는 주거지역이 시작되는데, 우측에 시장을 끼고 있음에도 드문드문 오래된 매장들이 영업하고 있다.

이렇게 잠실새내역 상권은 바둑판처럼 상권 변화가 뚜렷하게 보인다. 홍대, 신촌, 강남역 등 유명 상권과 비교하면 골목마다 달라지는 유사한 상권 변화 루틴을 볼 수 있다.

부동산에서 안정적 수익을 가져다줄 입점 상가를 생각하면 ②번 골목은 임대 단가도 높고 새로운 임차인의 수요가 꾸준한 곳이다. 영업하는 입장에서는 높은 임대료에 부담을 느낄 수는 있다. 하지만 유동인구가 몰려 있고 워킹 손님만 있어도 기본 운영이 가능하기에 유명 프랜차이즈도 ②번 중심 상권에만 입점해 있다. 이곳이 소비력이 가장 높은 골목으로 가장 일찍 사람이 모이고 가장 마지막까지 자리하는 위치다.

날개 상권인 ③번 골목의 경우 바로 뒤에 있는 건물부터 주택으로 이루어져 있다. 이것은 유동인구의 발길이 닿지 않는다는 걸 의미한다. 물론 그 뒤에도 주점 등 영업하는 매장이 없는 것은 아니나 특색이 있는 영업을 하거나 오랜 단골들이 찾아가는 곳으로, 손님을 끌어당기는 능력을 갖춘 매장이다.

③번 골목은 기본적인 유동인구의 영향도 있고 늦은 시간까지 소비가 이루어질 수 있는 입지다. 개인 사업자 매장이나 중소 프랜차이즈 매장을 볼 수 있으며, 가성비를 챙기면서 분위기 있는

매장들이 주를 이룬다. 유동인구만으로 영업하기에는 어려움이 있다고 판단되는 곳이기에, 매장을 넓게 사용한다거나 특색 있는 영업으로 재방문 고객을 높여야 하는 골목이다.

그리고 지켜봐야 하는 곳이 ②번과 ③번 사이에 있는 연결 골목이다. ②번 골목과 인접할수록 유동인구의 영향을 받는데, ③번 골목에 인접한 위치는 오히려 ③번 골목에 접한 매장보다 거리도 비슷하고 가시성은 낮은 위치라고 할 수 있다. 이 책을 읽고 저녁 시간에 골목을 직접 임장해본다면 로드뷰로 확인하는 것보다 더 많은 것을 느낄 수 있을 것이다.

상권의 특색이 하나 더 있다. 잠실새내역은 잠실주공 아파트 시절부터 2호선이 주 교통수단으로 9호선이 들어오고 상권의 주요 고객층인 프로야구 팬들이 야구장에서 이동해와도 성당을 기준으로 2호선이 있는 우측에 매장들이 더 밀집되어 있고 좌측 끝자락에는 공실이 보인다. 교통과 주요 고객이 이동하는 경로임에도 어려움이 격는 이유는 오랜시간 자리를 지켜온 상권의 입지가 있기 때문이다. 저녁이 되면 조금은 으슥해지는 9호선 출구 앞 공영의 활용이 있어도 동쪽으로 대단지 아파트들로 인한 영향과 지하철역으로 인해 자연스럽게 마지막 소비가 이루어지는 관성이 있는 입지인 것이다. 소비하기 위해 약속을 하고 모이는 상권처럼 헤어지기 전 마지막 소비하는 입지가 있는 것이다. 그래서 잠실새내역 상권은 살짝 ㄱ자의 모습을 하고 있다.

많은 사람이 찾는 상권 안에서도 골목에 따라 사람들의 소비력이 몰리는 위치에 따라 건물의 활용도가 달라진다. 같은 상권이라고 공장에서 찍어 만드는 제품처럼 같은 가격대(평단가)로 단순하게 거래하기보다는 매입하고 싶은 건물이 상권의 어느 위치에 있는지 검토하고 판단을 하는 것이 현명한 거래가 될 것이다.

> **상권안에서 골목별 차이를 구분해**
> **입지를 읽어야 한다.**

유명 상권 > 날개 상권 > 서브 상권

유명 상권과 날개 상권은 이어져 있는 하나의 상권이다. 경기가 어려우면 날개 상권부터 공실이 생기는 현상으로 유명 상권과의 차이를 이야기했다면 이번에는 떨어져 있는 서브 상권에 대한 기준점을 잡아보자.

서브 상권이란 유명 상권의 주변 지역에 위치하는 곳으로, 유명 상권에 비해 규모가 작고 상업 활동이 덜 활발한 상권을 말한다. 지역적인 특성에 맞춘 명칭을 활용하는 경우가 많으며 유명

상권과 인접하나 광대로 등 도보 이동이 적어 서브 상권만의 특색
으로 유동인구를 흡입해 상권을 유지한다.

언제부터인가 새로운 상권에 명칭이 붙어 홍보되고 있다. 경
리단길, 송리단길, 샤로수길, 연무장길, 연남동 미로길 등등 이런
형식의 상권은 기존 유명 상권에서 확장되어 만들어진 경우가 많
다. 성수동 연무장길은 이제 메인 거리로 자리를 잡은 듯 보이고,
샤로수길은 서울대입구역 상권에서 이어진 날개 상권이 모여진
먹자거리다. 여기서 서브 상권에 속하는 내용은 경리단길, 송리
단길로 보이며 앞서 이야기한 송파 상권에 속해 있는 송리단길을
예시로 들어 이야기해보겠다.

송파 상권

출처: 네이버지도

송파구 상권에 대해 알아보자. 종합운동장에서 북위례까지 크지 않은 공간에 잠실새내 상권, 방이먹자골목 상권, 가락시장 상권처럼 유동인구 유입이 많은 상권을 가지고 있다. 지도에서 보듯이 유명한 먹자 상권 사이에 롯데의 대형 복합쇼핑몰과 잠실역 지하상가도 개별 상권으로 자리하고 있으며, 문정동 법조타운 지식산업센터도 개발된 지역이다. 중간 블록에는 다세대와 다가구가 밀집된 주택가가 이루어져 있어 블록에 따른 색깔이 선명하게 구분된다. 송파구의 형태가 어떤 지역보다 블록별 특성에 따른 유동인구의 이동과 소비의 분류를 비교 분석하기 좋으니 상권 분석 기초 공부를 하기에 적합하다.

다시 서브 상권으로 돌아와, 2015년 무렵부터 불리는 송리단길은 지도상 석촌호수 인근 지역으로 잠실역 상권, 방이먹자골목과 인접해 소비인구의 유입이 용이해 다양한 카페와 레스토랑이 들어와 젊은 층의 인기를 받는 지역이다.

하지만 지도에서 송리단길을 보면 위치적으로 메인 상권과 도보로 이어지기 쉽지 않은 거리를 볼 수 있다. 9호선 송파나루역과 인접했으나 8호선과 9호선 급행역인 석촌역을 이용하는 인구도 많은 곳으로, 젊은 연인들의 데이트 코스로 한때 여러 매체에서 앞다투어 다루었던 상권이다. 유명한 식당과 예쁜 카페들이 자리하고 SNS를 위한 포토존이 있는 루프탑들도 있는 곳으로 많은 사람이 찾는다.

지도에서 보듯이 독립적으로 유동인구를 유입해야 하는 입지로 상권이 가지고 있는 본질의 힘은 강하지 않다. 그래서 주로 붐비는 일정은 석촌호수 행사가 있는 시기에 몰리는 경향이 많고 송리단길 메인 골목의 간판을 보더라도 즉석 포토 매장과 타로, 사주 형식의 운세를 보는 매장들이 보인다. 쉽게 이야기하면 임대료가 낮은 업종들이 들어와서 1층 매장에 자리하고 있다는 것이다.

이곳에서 송리단길을 찾는 사람들이 몰리는 곳은 유명한 음식점과 카페들이다. 결국 임대인의 시각에서는 유명한 임차인을 만나지 못한다면 상대적으로 리스크는 올라가게 된다는 결론이 나온다. 이것에 비해 날개 상권은 메인 상권에서 흘러나오는 유동인구로 안정적인 운영이 기대되는 임차수요가 꾸준히 있기 때문이다. 건물주 입장에서는 효율성이 좋고 리스크가 낮은 선택이 되는 것이다.

송리단길은 2015년 이후부터 2020년 수준까지 거래가 되었는데 거래사례를 확인하는 디스코와 밸류맵에서 해당연도와 단가를 비교해보면 유명세로 인한 단가의 차이가 보인다. 코로나19가 생기기 이전인 2016년과 2017년에 발생한 거래사례를 참고해보자. 책의 특성상 실제 비교하기는 어려우니 이 책에서 이야기하는 기법으로 중소형 빌딩의 단가를 찾아보기를 바란다.

서브 상권의 특성은 해당 지역만의 특성으로 사람을 유입하는 것이다. 그런데 그 특성이 가지고 있는 원천적인 힘과는 다른 이야깃거리로만 이슈가 된 지역이라면 인구를 흡입하는 힘은 줄어들 것이고 오히려 기존의 장점도 살리지 못하는 젠트리피케이션의 피해만 발생할 가능성이 높다.

송리단길은 좋은 상권이다. 충분히 상권만의 테마가 있고 주요 고객들이 형성되어 있다. 다만 집중적인 이슈화로 인한 부동산 거래가격의 상승으로 이어졌다는 아쉬움이 있다.

> **서브 상권의 특색이 가지고 있는 힘을**
> **자세히 들여다봐야 한다.**

항아리 상권

항아리 상권이란 주둥이가 하나인 항아리처럼 상권이 이루어진 곳으로 다각도로 퍼지지 못하고 또 외부에서 유입도 어려우며 항아리의 주둥이가 외부와 연결되는 교통경로가 되는 한 곳에 모여 더 이상 확장하기 어려운 상권을 말한다. 일반적으로 배후에 최소 5천 세대 이상의 인구를 보유하고 있으며 초등학교, 중학교,

고등학교 시설이 있는 가족 단위 소비층이 모여 있는 베드타운 성향의 상권을 말한다. 이런 항아리 상권의 대표적인 지역 중 하나는 일산이 있으며 보통 새롭게 생겨나는 신도시들에서 유사한 모습을 보이고 있다.

이렇게 조성된 베드타운은 도시계획을 세우며 지하철 등 교통시설을 중심으로 일반상업지역을 만들어 중심 상권을 조성한다. 개발부지를 분양하고 분양받은 업체는 신축해 재분양하는 프라자빌딩 형식의 상가 건물이 많으며 상대적으로 가벼운 금액에 개인 투자자들이 많이 들어오는 시장이다.

항아리 상권은 일산이라는 큰 도시 규모만 있는 것은 아니고

항아리 상권의 대표 지역: 일산

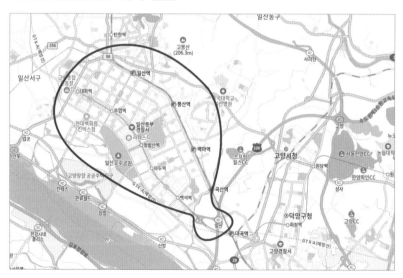

외부로 상호 이동이 쉽지 않은 작은 마을 단위로도 형성되어 있다. 이렇게 상권의 확장과 유입이 어려운 만큼 그 안의 소비층도 흘러나가지 않아 충성 고객이 많으며, 주거지역의 편의시설과 상점 등 생활 밀착형 업종들이 주를 이루고 있다. 이런 형식의 프라자 상가(지상 7~10층 규모의 근린상가)는 1층과 2층은 음식점 등 실시간 소비하는 업종이 많고 3층 이상부터는 학원과 개인 병원들이 공간을 채우고 있다. 2024년 현재 어려운 경제 상황으로 인해 1층의 임차인 변경은 적잖이 발생하고 있으나 2층 이상 임차인은 한번 들어오면 오랜 시간 영업을 이어가곤 한다.

이렇게 다양한 업종이 공실 리스크 없이 안정적인 임대 수익을 만들어주나 상대적으로 추가 개발호재가 어렵고 인구의 증가나 소비 확장이 어려워 물가 상승에 따른 부동산 가격 변화가 대부분으로 폭발적인 시세차익 기대는 어렵다.

항아리 상권의 장점은 충성 고객이 많고 투자 비용의 부담이 낮다는 것이며, 최근 아파트 상가는 주거 인구에 적합한 무인 점포의 활용도 많아지고 있다.

> 항아리 상권은
> 외부 확장과 유입이 어려운 베드타운 상권이다.

상권 더하기: 대로변 철물점과 페인트 매장

지역 상권을 돌아보고 임장을 오랜 시간 이어가면서 깨닫게 된 내용이 있다. 철물점과 페인트 매장이 있다면 이곳은 상권이 전혀 없는 곳이거나 임대료가 매우 저렴하게 운영되는 곳이라는 점이다.

우선 철물점과 페인트 매장은 주거지역과 멀지 않은 곳에 인접해야 하며, 차량으로 물건을 싣고 내리는 경우가 빈번해 1층에 위치해야 하기에 대로변 또는 전면 차량 접근이 편한 자리에 위치해야 한다. 그렇기에 많은 철물점과 페인트 매장이 이면 같은 왕복 2차선 대로변 같은 1층에 오픈하거나 넓은 대로변 상권의 영향력이 사라지는 끝자락에 있거나 상권 조성에 실패한 계획도시 광대로변에 위치하고는 한다. 즉 그 자리부터 최소한 한쪽 방향으로는 건물의 가치를 상승시키기에 어려운 최악의 입지 조건일 가능성이 높다.

빌딩 중개업무를 하면서 보았던 매물 중 하나는 대로 이면의 이면이고 주변에 유명 상권도 있지 않았다. 빌라 다세대가 밀집한 골목에 위치해서 대지도 70평 전후의 매물이었다. 이곳을 매입해 신축하고 1층에 커피숍이 들어오고 기준층 원룸 임차인을 맞춰 수익률이 4%가 넘는 조건이 되어 재매각되었다.

상담하며 본 조건은 이렇다. 건물에 진입하기 위한 도로 초입이 이면이고 철물점이 있었다. 주변 상가도 없고 대로변 쪽으로 소비를 하러 이동하는 모습이 보이기에 해당 커피숍은 주변 100m 남짓 거리의 인구에 한정해서 매출이 나오는지 확인할 필요가 있었다. 건물은 신축이라 주변에 비해 월등히 좋았고 코너의 입지라 골목에 들어가면 가시성도 뛰어났다. 하지만 상권이 끊어진 것이다. 과연 현재의 임대 수익을 유지할 수 있을지가 의문이었다. 임차인의 계약이 종료되고 공실 리스크에 대한 대비가 어려운 건물주라면 차라리 조금 허름한 건물이라도 살짝 앞에 위치한 건물에서 매물을 찾는 것이 더 유리할 것으로 판단했다.

그럼 철물점과 페인트 매장이 있으면 버려야 하는 건물인가? 당연히 모두 그런 것은 아니다. 오히려 상권의 영향력이 있는 위치의 1층에 유사한 업종이 영업하고 있다면, 그리고 간판과 매장의 모습에서 손 바뀜 없이 오래된 느낌이라면 임대인의 관리에 능숙하지 않은 경우도 있다. 내가 직접 입지에 따른 소비력을 읽을 수 있다면 과감하게 진행해 밸류에드해야 한다. 이런 타입의 건물들이 알토란 같은 매물로 변신할 수 있다.

간판을 보면
상권이 보인다

소비력을 읽는 법

간판과 상권에 대한 결론은 3층 간판이다. 소비력이 강한 골목의 3층 간판을 보라. 상업시설로 가득할 것이다. 당구장도 있고 보드게임장도 있고 젊은 사람이 찾는 주점들도 들어와 있는 골목이 진짜 유명 상권이다.

계속해서 소비력에 대한 입지를 이야기하고 있다. 사람들이 소비하기 위해 모이고 돈을 쓰는 자리 중 가장 핫한 골목은 3층 이상에도 상가들이 들어와 영업하는 곳이다. 건물이 꼭 크고 화려하지 않아도 3층 위로 4층, 5층까지 근생시설의 간판들이 빼곡하게 이어진 상권들이 소비가 몰려 있는 유명 상권인 것이다.

우리 실생활에서 보고 있는 골목들이다. 여기에 기준을 넣지

건대(왼쪽)·방이(오른쪽) 먹자 상권 메인 골목

않고 "와~ 상권이 활발하구나~ 역시 유명한 핫플이야!"라고 감탄만 하는 것은 투자자의 마인드가 아니다. 핫플과 이어진 골목들의 간판을 3층을 기준으로 하나씩 읽어보자.

메인 골목을 지나다 보면 3층에 상가가 들어오지 않는 건물들이 보인다. 당구장처럼 당구대 개수로 최대 매출이 한정되거나 무한리필처럼 가성비 형식의 매장들이 일부 들어와 있는 것이 보인다. 당구장의 경우 넓게 운영이 가능한 매장은 그래도 중심부에서 임대 단가가 낮은 건물에 들어오는 모습도 볼 수 있다.

하지만 그렇지 않고 경매나 취업을 위해 성인들 다니는 학원이나 고시원처럼 드나드는 사람은 많아 대중교통으로 방문이 용이한 위치가 필요한 업체처럼 소비생활과 무관한 간판은 역세권 상권 끝자락에 있고 교통의 요충지가 아닌 상권은 주택이거나 상가라고 이야기하기 애매한 간판들이 3층을 차지하기 시작하는 그 자리부터 뒤로는 상가들이 현저하게 줄어들거나 끊기는 모습을

건대입구역(왼쪽)과 교대역(오른쪽) 메인 상권 주변 고시원

볼 수 있다.

동네마다 있는 골목 상권 주변 내재된 인구가 즐겨 찾는 식당 골목의 주변을 봐도 3층 위로는 요식업이 들어와 있는 경우가 거의 없다. 당연히 노래방은 지하가 대부분이고 3층부터는 주택이 대부분이고 근린생활시설인 경우는 '저기에 사무실이 있는 건가?' 싶은 느낌의 업무시설이 간판도 없이 있는 경우가 대부분이다. 이렇게 시장 분석을 하면서 필자에게 기준점이라 생각되는 3층 간판의 세부 항목은 고시원이다. 의외로 화려한 간판들이 많고 먹자 상가들이 밀집한 거리를 걷다가 화려한 조명이 줄어드는 위치에는 3층부터 고시원이 들어와 있는 모습이 많았다.

고시원 건물 뒤로는 3층부터 주거시설이 주로 건축되어 있었으며 주거가 아니라면 소비력이 없는 대로변으로 역시나 상권은 단절되는 모습을 보였다. 신도시 형식의 계획된 상업지역으로 아파트에 둘러싸여 있는 상권에서 노래바나 주점들이 밀집된 건물들 가운데 간판이 잘 보이지 않는 5층 정도에 밀집된 경우도 많이 있으나 중소형 건물들이 뒤로 이어져 있는 상권에서는 3층 고시원 간판이 상권의 위치를 알려주는 표시처럼 자리하거나 간판이 끊어지고 바로 뒤이어서 보이는 경우를 흔히 볼 수 있다.

여기서 더 안쪽으로 주거밀집도가 높은 골목에서는 생활 밀착형 매장이 들어와 있는 프라자빌딩 형식의 상가 건물이 들어와 있다. 당연히 학원이 들어와 있고 소아과, 내과 등 개인 병·의원이 주로 자리를 잡는다. 그리고 최소한의 상권도 이루어지지 않은 골목이라면 모두 다세대나 다가구주택 형식으로 건물들이 이어져 있는 모습을 볼 수 있다.

이렇게 3층 간판을 보면 집중되는 골목과 소비력이 한눈에 들어온다. 소비력이 강한 주요한 입지인지 주변 인구들이 중심이 되는 상권인지 알고 빌딩 투자를 실행해야 건물 운영이 더 안정적으로 되는 것이고 그것이 입지다. 또 해당 입지에 맞춘 소비 성향에 어울리는 임차 구성으로 운영을 해야 안정적인 수익성을 갖춘 빌딩으로 만들 수 있는 것이다.

대로 이면에 골목에 위치한 유명 먹자상권은 중소형 건물들로 이루어져 있어서 엘리베이터가 없기도 하고 건물의 활용도 역시 낮은 경우가 많은데 4층, 5층까지 다양한 식당들이 들어와 영업하고 있다. 이런 위치가 가장 뜨거운 골목이고 인구 밀집도가 가장 높은 장소다.

인접하지만 상권의 연결이 끊어진다는 것은 유동인구 소비력의 영향력이 약하다는 것으로 건물을 새롭게 신축해 화려하게 만든다고 당연히 극복되는 것은 아니다. 해당 지역에 없는 새로운 건물로 변화해 성공한 투자 사례는 있지만 전문가의 영역이지 보통의 투자자가 따라 할 수 있는 상품은 아니기에 주변과 상권과 어울려서 함께 성장하듯 리스크를 최소화할 수 있는 입지가 필요한 것이고 이런 자리를 찾아야 하는 것이다.

필자가 시장에서 경험한 것은 비슷한 평단가로 매입을 했어도 연결이 끊어지려 하는 위치의 건물주의 어려운 시간이 더 길고 강했다. 안쪽에서 맛집이 있다고 그 옆을 매입하면 안 되는 것과 같은 이치다. 끝자락에 위치한 맛집에 찾아온 손님은 식사를 하고 메인 골목으로 회귀하는 성향이 있어 단순하게 유명한 식당에 의한 유입 인구가 내 건물로 들어온다 생각하면 안 된다. 경쟁에서 이기기 위한 아이템이 없다면 결과는 안쪽 골목의 멋있는 공실이 되는 것이다.

원룸 건물로 주택시장 월세 상품이 아니라면 현장 답사를 하며 3층부터 그 위로 어떤 간판들이 모여 있는지 살펴본다면 어느 골목의 어떤 건물까지 상가가 유지되는지 알 수 있다. 이렇게 본 건물들을 로드뷰를 통해 과거 간판들도 함께 비교한다면 그동안 골목에서 이루어졌던 소비들이 어떤 스타일이었고 얼마나 지속력이 있는지도 함께 검토할 수 있으니 한 번씩 찾아보고 내가 좋아하는 지역에서 안정적인 간판이 어떤 것인지 알아보도록 하자.

> ### 3층 간판이 화려하다면
> ### 소비력이 몰려 있는 골목이다.

업종으로 간판을 구분하면 골목이 보인다

필자는 상권을 분석하기 위해 답사를 가면 간판으로 어떤 소비가 있는 곳인지 먼저 본다. 로드뷰로 확인할 수 있는 방법이나 현장에서 간판이 이어지며 만들어지는 소비의 온도를 확인하고 다양한 분석 속에서 나만의 포인트를 잡아내어 소비의 연장을 만들어내거나 차별화할 수 있는지 알아보는 것이다. 이것은 생각보다 간단하며 투자의 목적으로 본다면 더 빠르게 습득이 가능할 것이라 생각한다.

어떤 상권이나 골목에서 지갑을 열게 되는 소비군이 형성된다면 유사 업종들이 이어져서 운영되는 모습을 보인다. 공덕동 족

발 골목, 광장시장 빈대떡 골목 같은 특정 메뉴의 집중이 아니라 요식업이 있으면 1차 뒤에 2차를 가는 길목에 노래방처럼 이어지는 간판의 모습이 있거나 학원 간판들이 건물마다 이어져 있기도 하다. 이렇게 간판이 알려주는 소비 성향을 모아보면 어떤 업종이 주를 이루는지 알 수가 있게 된다.

항아리 상권의 빌딩 속 간판들은 주택가와 인접한 생활 편의를 위한 내용들로 아파트 단지 내 상가 건물과도 유사한 모습이다. 다양한 소매점, 음식점, 카페, 미용실, 학원, 은행, 병·의원처럼 방문객의 다양한 요구를 한 장소에서 해결할 수 있는 프라자 빌딩의 형태를 보인다. 이런 프라자 형식의 건물들도 간판의 내용을 보면 병·의원이 이어지다 멈추는 곳이 있고 거기서 이어지는 학원 간판들이 보이곤 한다. 업종이 병·의원과 학원으로 한정짓는 것이 아니라 간판을 보면 상권들이 이어지는 현상을 볼 수 있다는 것이다.

앞서 상권의 골목마다 생기는 임차인의 변화를 이야기했듯이 유명 상권을 가더라도 간판을 읽어 보면 소비가 왕성하게 이루어지는 업종이 모여 있는지, 유동인구의 방문율로 유지되는 업종이 임차해 있는지 구분이 가능하다. 선호 업종과 비선호 업종도 간판을 읽고 다니면 모여 있는 위치와 골목의 분위기를 알게 된다.

많은 투자자가 선호하는 빌딩 투자 방식인 메디컬(클리닉) 빌딩도 이런 골목들이 이어지면서 여러 병원이 모여서 영업하기 좋은 자리에 만들어지는 것이다. 주변 인구수와 구성 등 병·의원이 들어갈 자리인지 필요한 통계를 찾아봐야 하는지 아닌지를 간판을 통해서도 우선적으로 알 수 있는 것이다.

직접 투자를 할 곳이라면 어떤 업종들이 이어져 임차료를 지불하면서 소비하고 있는지 살펴봐야 한다. 강남과 마포는 눈에 보이는 간판이 없는 중소형 근생건물들이 모여 있는 입지가 있는데, 보통 소형 사옥들이 모여 있는 자리다. 소형 사옥으로 간판이 없다면 건물에 있는 입주 안내판이나 우편함에 있는 상호도 찾아보는 노력이 필요하다. 그렇게 하나하나 퍼즐을 맞춰야 이 건물의 입지가 안정적인지 어떤 임차인들이 주로 문의하는지 알 수가 있다.

이 책의 목적은 빌딩을 쉽고 간편하게 읽어볼 수 있도록 하는 것이다. 다양한 데이터와 분석 자료를 보면 '서비스 업종은 어떤 것이지?' '소매업은 말 그대로 도매 소매에 관한 분류인가?' '그럼 식당은 소매업인가? 서비스업인가?' 등 기본적으로 알고 있어야 하는 용어방식이다. 당연히 식당은 서비스업으로 구분이 되는 쉬운 내용이나 생각보다 많은 사람이 이런 것들이 익숙하지 않아 한다. 현재 자본이 있어 부동산을 보고 있거나 전문직군으로 현재 수입이 좋아 빌딩에 투자를 생각하는 사람이 대부분으로 서류적인 내용의 업종은 그냥 간판으로 나눠보고 업종별로 어떤 고객이 방문하는지 생각하면서 분류해보면 누구나 나만의 상권 분석이 가능하다.

그리고 유명 리서치 업체에서 진행하는 거시적인 분석도 이런 간판의 업종을 모아서 통계한 내용으로 함께 대화하다 보면 유사한 결론에 도달하기에 나만의 상권 분석을 하고 있으면 궁금한 부분이 보이고 질문을 하며 투자 진행에 대한 대화를 할 수 있게 되는 것이다.

상권이 궁금하다면
간판의 업종을 읽고 분류하라.

임차인 구성의 변화를 연구하라

리모델링보다 중요한 것

상권에 대한 건물 입지를 이야기하며 가치를 극대화하는 방법을 찾는 것이 기본이다. 그렇다면 내 건물에서 소비하는 사람이 무조건 있어야 한다. 이 소비자는 임차인이며 월세를 지불할 정도의 가치가 건물에서 나와야 하는 것이다. 이것을 반대 순서로 이야기를 하면 임차인이 들어와 임대료를 지불해야 건물에 현금 흐름이 발생하고 수익이 생기는 것이다.

이게 무슨 당연한 이야기인가? 달리기는 빨리 달려야 이기는 것이고 구기종목은 더 많은 득점을 해야 이기는 것이다. 한번 듣기에도 어이가 없는 이야기를 두 번 세 번 반복해서 하는 이유가 있다. 부동산 시장의 다양함에 매몰되어 진짜 중요한 내용을 놓치고 새롭게 지어질 건물에 매료되어 나한테 돈을 지불할 사람이 있는지 확인을 하지 않는다.

빌딩을 매입하는 상황에서는 다양한 조건을 함께 검토해봐야 한다. 하지만 사람의 마음이 어찌 이성적으로만 움직이겠는가? 한두 가지에 꽂혀 마음에 들어오면 이 좋은 조건을 혹시 다른 사람이 가져 가지는 않을까 조바심이 들어 결단력(?) 있게 도장을 찍고 행복해한다. 그리고 오래지 않아 아차 싶어서 되돌리려 해도 이미 계약금은 송금이 되었고 계약서의 효력은 발생한 다음이다.

물론 좋은 빌딩을 매입하기 위해서는 단호한 결단력은 있어야 한다. 그러나 우물쭈물하다가 좋은 매물 다 놓치고 뒤늦게 급한 마음이 들어 계약하는 것은 가장 피해야 할 행동이다.

나에게 소비하는 수요가 있는 입지를 선택해야 한다. 스스로 오너테넌트˙처럼 직접 공간에서 운영하며 새로운 가치를 창출할 수 있다면 임대수요의 논리보다는 매장 영업의 논리에 맞추는 것이 맞는 것이다. 하지만 직접 운영하지 않는다면 임차수요에 대한 분석이 건물의 공법적 변화보다 더 우선해야 한다는 것이다.

• 오너쉐프처럼 건물의 소유주(owner)가 임차인(tenant)처럼 직접 영업하는 것을 말한다. 필자가 만든 표현이다.

다 똑같은 역삼동이 아니다

강남은 소형 사옥 수요가 많은 곳이다. 또 역삼동은 오피스가 밀집된 지역이다. 그렇다고 모든 역삼동이 사무실로 활용되는 것은 아니다.

아래 지도에 보이는 역삼동 남단으로 붉은 선 안쪽이 행정구역으로 역삼동으로 강남 내에서도 교통이 불편한 지역이다. 특히 구 역삼세무서 사거리(현 강남창업센터 교차로) 중심으로 좌우와 아래 방향의 파란색 선 안으로 표시된 구역이 강남에서 가장 교통이 없는 블록이다. 테헤란로 역삼동의 사무실 밀집도는 이야기하지

역삼동

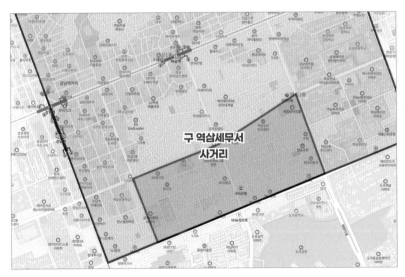

않아도 매우 높다는 것을 알고 있고 북단으로는 9호선이 있어 접근성이 좋아 남단의 파란색 구역과는 확연한 차이를 보인다.

이곳에는 주거시설 사이에 업무시설이 혼재되어 있는 상권으로 평단가는 상대적으로 저렴한 금액이었다. 그리고 여기서 오류가 발생한 현장들이 있다. "사무실이 밀집도가 높은 역삼동에 상대적으로 저렴한 평단가로 소형 사옥을 개발하자." 문장만 보면 딱 맞아떨어지는 매물이 된다. 하지만 지도에서 역세권 입지를 보면 출퇴근이 어려운 지역임을 바로 알 수 있다. 블록 안 사거리 코너로 가시성이 좋고 노후된 건물을 개발하면 수익성을 높일 수 있다는 명분은 적용되기가 어려운 입지인 것이다.

이 블록에 위치한 업무시설의 장점은 저렴한 임대료에 비해 넓은 공간 사용할 수 있는 것이다. 블록이 가지고 있는 상권의 장점을 희석시킬 수 있는 비용의 상승은 임차사들이 더 이상 사용할 매력을 느낄 수 없게 만든다. 아무리 훌륭한 건물을 만들더라도 역삼동에 걸맞은 임대료를 지불하는 임차수요는 한계가 있다.

2020년 전후 있었던 부동산 호재로 소형 빌딩 붐이 불어 이곳에도 금액이 많이 올라 2024년 5월 안쪽 골목에 매각 호가가 평당 1억 원이 넘는 근생건물도 있다. 강남권 이면도 1억 5천만 원의 평단가를 형성하고 있는 시기에 낮은 단가를 하고 있더라도 주변 오래된 건물과 임대 경쟁을 하기에는 높은 금액이라 할 수 있다. 실제로 신축하고 짧은 시간 임대를 진행하다 2023년 3분기부터 현재까지 1년 정도 임차사를 구하지 못해 공실로 버티고 있는 신축 건물도 있는 입지다.

직접 사용하기 위한 사옥을 만들거나 좋은 결과를 만든 투자 사례도 존재하지만 이렇게 역삼동에 임차수요가 많은 업무공간 이어도 입지가 가지고 있는 특성을 확인하면 다 똑같은 강남이 아니란 것을 알 수 있게 된다.

> **지역 명칭의 장점이 모든 입지에**
> **동일하게 적용되진 않는다.**

역삼동에는 맛집이 없다

역삼동은 지하철역으로는 신논현역에서 대치동 학원가와 연결되는 한티역까지 상업지역과 주거지역이 혼재되어 있는 곳으로 강남구의 가운데에 위치해 있다. 광대로변으로는 강남대로와 테헤란로를 포함하고 있으며 2호선으로 강남역과 선릉역까지가 테헤란로의 역삼동이다. 강남에서 오래된 업무지구 GBD(Gangnam Business District)의 시작점이 바로 역삼동이었다.

강남역에서 시작해서 테헤란로를 따라 발전된 업무시설은 지역적으로도 역삼동에 많은 비중을 두고 있다. 상업시설이나 트렌드와 연관성이 적었던 역삼역 사거리는 한국은행 강남본부, 강남파이낸스센터, GS타워가 자리하고 있다.

대한민국의 중심 업종의 대형 빌딩들이 자리하고 있지만 어떤 이슈도 없고 트렌드를 따라가는 재미도 없는 심심한 업무지구다. 강남에 모임을 하러 가더라도 "우리 역삼동에 맛집이 생겼다는데 한번 가보자." "역삼동에 재미있는 집이 있다고 하니 가보자." 형식의 대화는 쉽게 생각나지 않는다.

역삼동은 소비력을 끌어당기는 힘이 없다. 실제 역삼동에 맛집이 없는 것은 아니나 우리는 역삼동에 있는 맛집에 익숙하지 않다. 또 강남역과 인접해 상당수의 소비인구가 넘어가는 모습도 있기에 역삼역은 넥타이 부대들만 보이는 심심한 동네가 되는 것 같다. 이런 맛집도 없고 이슈도 없는 역삼동 테헤란로 이면에는 음식점으로 가득하고 심지어 새벽까지 영업하는 식당도 볼 수 있다. 맛집이 아니어도 트렌드에 민감하지 않아도 장사가 된다는 것이다. 필자는 이런 안정적이고 꾸준한 상권이 진짜 알토란 같은 빌딩이라 생각한다.

역삼동은 이슈가 들리지 않아 새로운 이야기가 만들어지지 않는다. 그래서 그런지 생각보다 역삼동의 중소형 건물들은 제대로 평가받지 못하고 있다. 이 차이의 기준은 2010년 이후 강남권에서 지속적으로 관심을 받는 도산대로 이면의 건물들이 미디어의 이슈로 인해 실거래가격이 상승한 내용만 보더라도 알 수가 있다.

강남구 광대로변에서 대중교통 인프라가 약한 곳이 도산대로다. 수입차 거리로 이야기가 되는 도산대로는 처음부터 일반적인 상권과는 다른 모습이었다. 신사동으로 많은 관심을 받으며 도약한 듯 보이나 도산공원 사거리에서 학동사거리를 지나 명품거리의 시작인 청담사거리는 이미 교통 인프라와 무관하게 고급화된 상권이었다. 상당수의 고객이 자가 차량을 이용해 방문하는 곳으로 일반적인 로케이션의 입지는 아니었다.

이면 중소형 건물의 경우 직원 채용을 위해서라도 테헤란로 이면보다 상대적인 선호도가 낮은 곳이었고 도산대로변 대형 업무시설 빌딩의 비중이 낮아 이면 식당 간판도 한 건물 건너 하나씩 이어지지 않는 모습을 볼 수 있다. 강남의 도산대로 당연히 좋은 상권이고 우수한 입지라는 건 아무도 부정하지 못하는 내용이나 인구의 밀집도는 높기 어려운 곳을 알 수 있다.

이런 도산대로가 가지고 있는 고급스러운 모습에 2008년 위례신사선에 대한 개발 호재가 이어지며 많은 매수세로 이어지게 되었다. 실제 2020~2021년 거래 사례를 보아도 역삼동 테헤란로 이면의 계약이 평당 8천만 원대 단가에서 이루어진 반면, 도산대로 이면의 평단가는 1억 원대에서 이루어진 내용을 볼 수 있다.

　두 상권이 모두 좋은 상권이고 가치가 다르다고 이야기할 수도 있다. 위 이미지에서 보이는 지역이 모두를 설명할 수 없다고 할 수도 있을 것이다. 하지만 2호선 선릉역과 역삼역에서 도보 10분 이내 입지에 있는 건물들의 평단가다. 강남을지병원 앞 교차로에 위례신사선 지하철역이 들어온다고 해서 가격이 상승할 것을 생각하고 관심을 보였기에 가능했던 가격이고 충분히 그만

도산대로와 테헤란로 이면의 거래 평단가(2020~2021년)

출처: 디스코

한 가치도 있다고 생각을 한다.

하지만 위례신사선은 경전철이다. 사업이 지연되는 내용은 논하지 않더라도 과연 2호선 역삼역보다 좋은 조건일까? 이슈가 있는 지역과 선호도가 높은 지역은 가치 상승 곡선도 가파르게 올라가기에 투자에 적합한 조건은 맞으나 동일한 강남이라는 상권 안에서 유사하게 검토할 수 있는 비교군이 있음을 놓쳐서는 안 된다.

꼭 변화를 시도해야 하는 가치가 상승하는 것은 아니다. 내재된 소비력과 접근성이 우수함에 비해 이슈가 없는 역삼동 같은 동네의 빌딩이 가치가 있는 것이다. 화려함이 없어도 재미없는 골목길에 음식점이 몰려 있는 입지의 중소형 빌딩은 새롭게 변하지 않아도 안정적으로 운영이 가능하다.

> **맛집이 없어도 장사가 잘되는 골목이
> 안정적인 상권이다.**

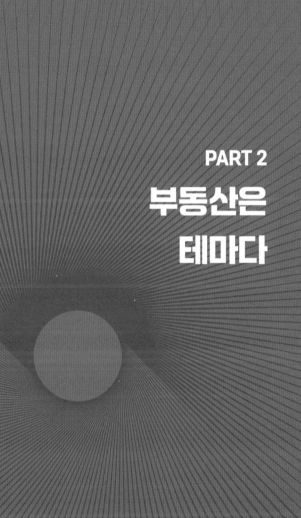

PART 2

부동산은
테마다

부동산은 테마다

가치 상승을 위한 원천

빌딩의 기반이 되는 바탕은 빌딩이 속해 있는 상권이라 말할 수 있다. 수익을 위해 투자를 하는 것이기에 장사가 잘되거나 임차인이 풍부해 임대료가 잘 들어와 건물을 운영하는 목적을 달성하는 것이다. 그래서 사람들은 더 큰 수익을 위해 새롭게 생긴 상권에 달려가고 아직 가격이 낮게 형성된 건물을 매입하고 개발해 가치 상승을 희망하고 있다.

하지만 부동산 상권의 주된 내용이 무엇이고 상권을 기본적으로 받치고 있는 힘의 원천과 중심축은 어떤 것이 있는지에 대한 고민보다는 뜨거운 기사와 이슈에 이끌리는 경향을 어렵지 않게 볼 수 있다. "어떤 건물이 리모델링을 해서 이렇게 아름다운 건물이 되었다." "어느 동네에 빌딩으로 시세차익을 만들어서 투자금 대비 높은 퍼센트의 수익을 만들었다."라는 홍보성 문구를 많이 들어봤을 것이다. 이 말에 이끌려 무작정 그 지역으로 몰려가 경쟁하듯 건물을 검토하는 경우가 있는데 이것은 올바른 순서가 아니라고 생각한다.

물론 새롭게 부상하는 상권과 성공사례를 공부하는 모습은 필요하나 그 부동산이 어떤 성질을 가지고 있고 상권이 가지고 있는 지속력과 소비력은 얼마나 되는지 검토하는 것이 우선되어야 한다. 부동산 상권이란 생각보다 쉽게 변화하지 않는 습성이 있고 변화하더라도 다시 기존의 상권으로 회귀하는 관성이 있다. 그럼에도 왜 새로운 상권이 생겨나게 되었는지 그 원인을 찾아보고 지속력을 갖추고 있는지에 대한 원론적인 고민은 필수 검토 사항이다.

부동산 상권에는 테마가 있고 입지에 따라 테마의 영향력에 속하기도 하고 연결점이 흐려지기도 한다. 우리가 아는 상권들이 가지고 있는 테마와 특징을 입지와 거리 특색에 따라 하나씩 들여다보고 여기가 북적거리고 사람이 많이 몰려야 하는 상권인지 자신만의 고유한 색깔로 적정 인구만 오랜 시간 반복해서 유입시키는 자리인지 정리를 해보려 한다.

이기자부대가 나가고 무너진 상권

70년 가까이 중부전선을 지켜오던 이기자부대가 2022년 11월 30일에 공식 해체되었다. 그로 인해 휴가와 외박 군인들이 중심 소비자였던 강원도 화천의 다목리 상권도 함께 해체되었다. 군인들의 위수지역인 화천의 숙박업소도 큰 타격을 받았다.

군인이 없으니 군인을 위한 상권도 없어지는 건 자연적인 수순이다. 하지만 수익용 부동산을 운영하는 투자자라면 군부대 해체에 뒤통수를 맞은 기분이 들지도 모르겠다. 그러나 필자는 상권의 원천적 힘을 생각하고 있다면 충분히 대비하고 대응할 시간은 있었다고 생각한다. 본격적인 상권 이야기를 하기 전 이기자부대 상권을 통해 시장이 가지고 있는 테마를 왜 알아야 하는지 예를 들어보겠다.

이기자부대가 해체되고 온라인에 여러 기사가 올라왔다. 상권의 붕괴, 상인들의 곡소리와 유사한 제목들의 내용이다. 그리고 이곳에 상가 건물이나 숙박시설에 투자했다면 대책도 준비하지 못하고 주저앉아야 하는 건가 싶기도 하다.

하지만 해체되는 2022년보다 4~5년 전인 2018년 7월 발표된 '국방개혁 2.0'으로 부대의 통폐합으로 이전한다는 소식은 들을 수 있었다. 그리고 이 정보가 사실화된다면 아무도 그 지역의 부동산에 투자하지 않을 것이다. 그렇게 내가 소유한 부동산의 메인 소비층이 군인과 군인을 만나러 오는 사람이라면 부대 이전에 대한 소식을 그냥 조용히 넘기지는 않았을 것이다. 군인들의 좋은 소비가 사라지고 군사지역으로 제한된 토지에 별다른 개발도 하기 어렵기에 빠른 매각이 필요한 것이다.

국방개혁 2.0이 발표되기 전에 매각한다면 가장 좋은 방법이나 발표된 후라도 빠르게 다른 투자처를 찾아야 하는 것이 옳다. 그래서 실거래 앱을 통해 부동산 거래 사례를 보니 2021년도에 몇 건의 거래가 이루어진 내용이 있었다. 개인적인 상황까지 모두 알 수는 없지만 상권에서 들어가고 나오는 것으로 생각하면 군부대 통폐합의 정보를 유심히 보다가 어느 정도 시기가 왔을 때 매각을 했고 매수자는 이런 정보를 인지하지 못하고 매수했을 가능성이 있다. 이런 거래의 특징은 매출 자료를 속이지도 않고 친절하게 최대한 많이 전달한다. 하지만 기존 매출과 향후 매출이 달라지는 이유를 모르고 투자를 한다면 누구에게도 하소연하지 못하고 본인이 감내해야 하는 것이다.

명확하게 보이는 군부대로 설명을 하면 눈에 쉽게 보이는데 경쟁이 치열한 부동산 투자 시장에서는 내가 들어가려는 상권의 기본 테마가 어떤 것인지 그리고 왜 사람들이 유입되는 것인지 원천적인 내용을 찾아보지 못한다면 세상은 변한 것이 없는데 왜 힘든 상황이 생기는지 이유도 몰라 대처도 못 하고 지치게 되니 항상 근본적인 내용을 찾아보도록 하자.

경리단길은
왜 무너졌을까?

경리단길의 실패를 예상한 이유

경리단길은 ○○리단길의 원조로 2015년 정도부터 SNS와 언론사들의 기사로 인기를 끌며 급속도로 유명해진 지역이다. 번화가보다는 작은 편으로 이태원동으로 들어가나 우리가 아는 이태원과는 거리가 좀 떨어져 있고 이태원과 다른 이질적인 분위기로 1990년대부터 소수의 마니아가 있었던 곳이었다.

필자의 추억으로는 경리단길보다는 상권 초입 대로변에 위치한 더 와플 팩토리가 기억이 난다. 가격은 저렴하지 않아도 다양한 와플의 고소한 맛과 이국적인 내부 인테리어로 마니아가 많아 입소문을 타고 유명해진 맛집이었다. 지금은 사라진 추억의 매장을 이야기하는 건 경리단길이 오래전부터 이런 특성을 가지고 있었기 때문이다. 상대적으로 가격은 높아도 마니아가 있었고 고즈넉한 골목의 분위기와 남산의 언덕에서 나오는 멋진 야경이 있는 아름다운 상권이었다.

용산 미군기지의 인근으로 2000년 초까지 개발제한구역으로 되어 있어 해방촌과 유사한 분위기도 있었던 곳이 미군기지 평택 이전과 함께 원활한 개발이 이루어지고 연예인이 소유한 건물도 생기고 SNS를 통한 예쁜 사진들이 퍼지면서 이목이 집중되고 가장 핫플레이스로 평가되었다.

하지만 경리단길은 수많은 사람이 모일 수 있는 여건이 아닌 지역이다. 우선 대중교통이 불편하고 남산 어귀의 동네로 평지가 아니고 좁은 골목길로 주차 여건도 부족한 입지의 상권이었던 상황은 현재도 변함이 없다. 이런 동네가 모두가 좋아하고 다양한 동네에서 사람들이 몰리고 젠트리피케이션이 현상이 발생해서 상권이 어려워졌다고 하는데 근본적인 이유는 경리단길이 가지고 있는 장점에 들어 있었다.

처음에는 입소문을 타서 자연스럽게 방문객이 늘어나며 유동 인구가 풍부해지고 힘을 받아 상권이 활발해지는 것은 좋은 현상이다. 그러나 경리단길은 유입된 인구가 다시 재방문하기 어려운 부족한 교통 인프라와 가파른 언덕길 등으로 인해 여럿이 함께하는 동네가 아닌 일부러 찾아가는 동네로 매장들도 개성 있는 특색을 내세우며 사람들을 불러 모으는 공간이었다. 이 책에서 이야기하는 상권의 분류로 구분을 한다면 이태원의 서브 상권이 경리단길이라고 생각된다.

경리단길이 유명해지기 전부터 이곳을 찾던 손님들은 이태원의 분위기를 좋아하고 즐기는 성향으로 비슷한 위치에 사람이 적고 운치가 있는 곳으로 찾았었다. 시간과 이동이 더 여유로운 사람들의 공간이었던 것이다. 애초에 한 번씩 찾고 싶은 특색을 갖춘 상권으로 모두가 함께 몰려가서 어울리기에는 어려운 환경이었다. 높은 언덕길 환경도 경치가 좋은 상점의 야경도 모두 그대로인데 이제는 어떤 특색도 흐릿해진 상권이 되어버렸다. 교통이 불편해도 언덕길을 걷기가 어려워도 다시 찾는 이유가 있었는데 단조로운 SNS 이슈로 많은 사람이 몰려들어서 스스로의 색깔을 잃게 되고 화려해진 상가들의 모습에 어쩌면 이태원 메인 상권으로 사람들이 돌아가게 된 것이다. 이곳은 회전율보다 높은 객단가로 승부해야 하는 상권인 것이다. 처음부터 유동인구로 승부가 어려운 입지 조건을 가지고 있었다.

3~4년 정도 상권의 부흥기를 보내며 폭발력 있는 유입으로 빌딩 매수세도 많이 몰렸다. 안쪽 이면 골목의 거래 단가도 평당 6천만 원 중후반대까지 상승 거래가 되면서 건물 수익을 맞추기 위해 젠트리피케이션 상황까지 오게 된 것이다. 좁은 골목길 사이로 있는 건물들이 분위기를 타고 높은 호가에 거래되면서 좁은 면적에 수익성을 맞추는 것이 현실적으로 어렵기 때문이다.

하락세에 접어들며 저렴하게 나온 매물 가격도 실제 상권이 가지고 있는 특성을 인지하지 못하고 서둘러 들어가 보면 현실적으로 높은 가격인 경우가 있다. 교통이 불편한 상권은 안쪽 골목으로는 저렴하고 좋은 상점이 있고 좋은 풍경과 분위기가 있으면 높은 단가로 형성된 매장들로 이루어져 있어야 하는데 이 구조가 무너진 것이다.

경리단길이 좋은 상권인지 질문을 받는다면 당연히 좋은 상권이라고 답할 것이다. 앞서 이야기한 어두운 내용에 가격까지 오른다면 나빠진 상권이 아니냐고 반문할 수도 있으나 상권이 가진 매력은 충분한 곳이다. 맹목적 이슈가 만들어낸 아픔이 치유되기에 시간은 필요해도 매력을 갖춘 좋은 상권이다.

다만 빌딩 투자를 한다면 이런 차이를 알고 판단해야 매수 시점에 맞춘 건물 활용성을 계획할 수 있게 된다. 나쁜 상권은 없고 부동산 투자는 오늘이 가장 저렴한 시장에서 상권에 적합한 건물의 가치를 알고 거래가 이루어져야 매도자도 매수자도 모두 만족하는 거래가 이루어진다고 생각한다.

**단기적 유동인구의 급등이
상권에 무조건 좋은 건 아니다.**

가로수길이 몰락했다?

중요한 것은 상권 파악

가로수길은 문화로 남았어야 했다. 유동인구의 유입도 소비의 회전율도 좋은 입지가 아니다. 보세 의류 매장도 분위기가 남달랐던 가로수길은 패션의 성지로 남았어야 했다.

이국적인 분위기로 가득했던 가로수길의 시작은 1989년 프랑스 패션 교육 기관 에스모드와 1991년 서울모드 패션전문학교가 들어서며 패션 디자인 관련 지망생들과 유학파들의 장소로 자리를 잡으면서였다. 강남 최초의 상업 화랑으로 예화랑이 오픈하며 가로수길은 예술의 거리 활기를 띠기 시작했다.

이색적인 분위기의 매장들과 상품들이 가득했고, 2000년 전후만 하더라도 새벽에 가로수길에서 연예인 누구를 보았다는 이야기도 많았으며, 실제로 당시 유학파와 패션으로 유명한 연예인들이 자주 이용하는 거리였다. 그렇기에 많은 사람의 관심이 집중되며 건물 가격이 급격히 오르기 시작했고, 2013~2014년 정도부터 젠트리피케이션이 생기면서 기존 문화를 만들어주던 임차인들이 거리를 떠나기 시작했다. 한때는 갤러리와 디자이너 매장들이 모여 있어 화구상들도 자리를 했으며, 3층 이상 사무실이 들어오는 자리에는 영화사들이 공간을 채웠었던 것으로 기억하고 있다. 앤티크 가구와 로드숍들이 거리에 보였던 이유는 실제 상권에서 가로수길이 메인이 아니었기 때문이다.

지금은 유명세로 인해 주객이 바뀐 모습으로 변했는데 실제

가로수길과 신사역 상권

상권의 중심이 어디인지 조심스럽게 이야기하도록 하겠다.

신사역 8번 출구에서 나와 도보로 3분 정도 도산대로를 따라 걸으면 가로수길 초입이 시작한다. 이 대로변 상권은 가로수길 상권도 아니고 먹자 상권을 넘어선 유명지역 역세권 입지로 함께 다루지는 않도록 하겠다.

왼쪽 이미지는 가로수길을 중심으로 서쪽에 세로수길 동쪽에 나로수길 그리고 마지막으로 가로수, 나로수의 다음인 다로수길 이 있다. ○○리단길과 함께 신흥 상권의 이름으로 많이 사용되는 ○로수길의 시작이다. 매우 좋은 상권으로 많은 사람을 유입하며 세계적 기업 애플의 1호점 애플스토어가 들어온 입지다. 외국계 대기업의 높은 임대료에 따른 젠트리피케이션의 문제를 말하는 것이 아니다. 중요한 메인 상권에 대한 분석이 들어가야 한다는 것이다. 사람이 모이고 돈을 사용하는 소비력이 있는 입지가 가장 임대인에게 좋은 위치임에도 미디어의 찬양에 많은 사람이 기준을 놓치고 있는 것이다.

이곳은 신사역 상권이다. 신사역 사거리 네 블록은 서쪽이 잠원동, 동남쪽이 논현동 그리고 동북쪽 신사동으로 나뉘며 각자의 상권이 비슷한 듯 다르게 형성되어 있으며 가장 활발한 상권이 신사동 상권이다. 이런 번화한 먹자골목은 3층 간판을 보면 알 수 있다고 이야기했는데, 신사역은 주로 1층 매장을 중심으로 소비가 이루어지고 있으며 지하와 2층까지 근생 매장이 자리하는 구조로 되어 있다. 그 이유는 건물에 소비하는 임차인과 병·의원이 종류가 다양하기 때문으로 판단되며 건물의 중요 임차인은 업무시설이 다수를 이루고 있다.

실제 신사역에서 이면 골목의 안쪽으로 들어가면 소형 사옥으로 활용되는 곳들도 보이곤 한다. 사무실 임차수요는 강남이기에 가능한 구조로 신사역 상권의 구성은 이렇게 이루어져 있다. 지금 글을 읽으면서 어떤 단어가 중요 포인트인지 느낌이 와야 한다. 상권 설명을 하면서 이야기했듯이 여기는 '신.사.역' 상권이다.

필자가 알고 있는 신사역 상권에 대한 중요 위치를 앞 페이지 오른쪽 그림에 표시했다. 신사역 이면에서 시작하는 붉은색 선으로 표시한 도로가 메인 골목이다. 가로수길로 들어가기 전인 예전 리쌍 건물로 유명했던 사거리까지가 유동인구가 모이는 위치로 뒤편의 뒤편까지 다양한 먹거리와 모임장소로 찾는 거리다.

가로로 이어진 3개의 골목 가운데 강남상가아파트까지 북쪽으로 이어진 골목도 10m 도로에 접해 있어 간판이 잘 보이고 편하게 사람들이 걸어 들어가는 자리다. 강남상가아파트는 강남시장 전문 식당가라는 명칭으로 건물 안에 노포들이 모여 있는 구조로 많은 사람이 찾는다.

그리고 강남상가아파트가 끝나는 사거리부터 번화한 상권이 바뀌고 조용한 느낌이 된다. 이것은 1층 간판을 보면 식당이 붙어 있는지 화려한 불빛이 있는지 걸어보면 확실히 알 수 있고 로드뷰만으로도 변화하는 모습은 알 수가 있다. 그리고 신사역 상권은 안쪽으로도 매력있는 식당들이 하나둘 자리하고 있어 손님들이 찾아오게 만들어 영업하고 있다.

이 책에서 이야기하는 메인 상권이 붉은색이고 ①번~③번이 날개 상권인 것이다. 그리고 다로수길인 ④번 입지는 파출소 뒤편으로 음식점들이 자리하고 있다. 필자의 기억으로는 2000년 전후로 뻐꾸기 포차라는 주점을 중심으로 늦은 시간까지 영업하는 골목이었으며 2010년 전후로 특색있는 맛집들이 자리한 것으로 알고 있다. 실제 다로수길은 차 한 대도 지나가기 어려워 저렴한 임대료를 원하는 임차인이 찾는 골목이다. ②번은 세로수길로 최근에는 ②번과 ①번의 차이가 거의 없으며 ②번 세로수길 남단이 더 활발해지는 모습도 보이고 있다. 그리고 한강과 가까운 블록의 북쪽은 실제 유동인구의 흐름보다는 찾아가는 골목으로 요일에 따라 분위기가 다르다.

신사역 상권에 대한 이야기를 이렇게 골목별로 구분하는 이유는 직접 매장을 운영해 건물을 살릴 수 있다면 비교적 지하철과 가까운 안쪽 입지에 투자가 가능하나 자금의 문제가 아니라면 가로수길이 아니라 신사역과 가까운 이면 골목에 투자하는 것이 더 안정적인 빌딩 투자이고 이것은 유동인구 분석데이터로도 알 수 있다는 것이다.

신사역 상권 유동인구 밀도: 주중(위)과 주말(아래)

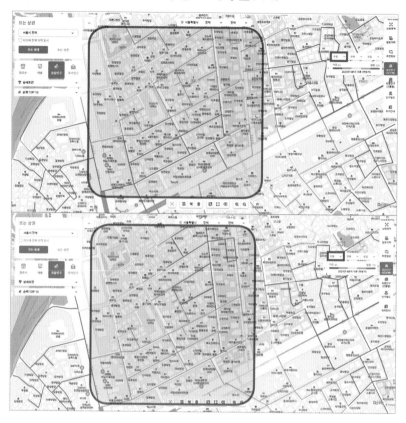

위 지도를 보자. 실제 유동인구가 몰려 붉은색으로 표시되는 부분은 신사역 이면 골목이다. 주말에는 다른 지역에서 가로수길을 즐기러 오는 인구들이 애플스토어를 중심으로 몰려 있기 때문이며 그렇다 하더라도 신사역 이면은 주황색으로 표시되어 있는 것이 보인다.

실제 세로수길 골목이 꾸준한 상권의 힘을 발휘할 수 있는 이유도 신사역 먹자와 인접한 입지이기에 가능한 것으로 도산대로에 가까운 세로수길은 이미 오래전부터 분위기 있는 음식점이 꾸준히 영업하던 골목이었다. 빌딩의 가치는 높은 수익성과 함께 낮은 공실 리스크와 환금성으로 결정된다. 강남구 신사동이라는 특성으로 안쪽 입지까지 업무시설의 꾸준한 수요가 있어 가능한 우수한 상권이나, 메인은 신사역 먹자 상권이며 가로수길은 날개 상권으로 볼 수도 있고, 유학파와 유명인들이 찾는 내용으로 보면 한 시대를 풍미했던 압구정 오렌지족 상권의 서브 상권으로도 생각할 수가 있다.

　그러나 오랜 시간 가로수길을 지켜오던 패션 브랜드 자라가 매장을 철수하면서 슬럼가로 몰락했다는 기사가 나올 정도로 가로수길은 어려움을 만났다. 가로수길에 투자하고 현재 공실의 어려움을 겪고 있다면 직접 건물 운영에 참여하는 방법도 고민해야 할 시간이다.

　다음 페이지에 인용한 기사처럼 가로수길의 소비가 무너져 내리는 모습을 보이며 나로수길도 내 건물만의 장점을 만들어야 하는 시기이며, 다로수길은 앞의 두 길과 관계성도 낮아 장점은 쉽게 보이지 않는 골목이다. 다로수 길의 우측(동쪽)으로 이어지는 골목은 지대의 단차가 심해 경사도가 높고 바로 뒤로는 주거로 이어지는 끝 길이다. 여기는 식당에 의한 발걸음이 아니라면 그저 옆에 있는 끝 길이다. 날개 상권의 뒤에 있는 주거지로 인식을 해도 큰 차이가 느껴지지 않는 입지로 지하철도, 상권도 없이 골목의 이름만 지어져 있어 투자한다면 뚜렷한 목적이 반드시 필요한 골목이다.

이렇게 상권이 가지고 있는 색깔에서 중요한 부분은 소비자(유동인구)가 어디서 이어져 왔는지도 생각해야 한다. 앞서 경리단길의 소비자는 이태원에서 이어진 인구였다면 가로수길의 소비자는 압구정동 오렌지족에서 이어진 인구였다. 오래전 1990년대 압구정 오렌지족이 유행이었고 유명인들도 압구정을 즐기던 시절 확장성이 생겨 가로수길까지 이어진 인구였다. 신사역 먹자 상권의 인구와 색깔이 다른 인구로 비슷한듯 다른 콘셉트였다.

그리고 시간이 흘러 청담동 명품거리와 분더샵으로 '찐' 부자들의 발길은 청담동과 압구정동으로 다시 돌아간 것이다. 많은 유동인구의 회전율로 생존하는 번화가가 아닌 해당 상권이 가지고 있는 특색으로 이루어진 곳에 유동인구만 늘었다면 그 집중도는 오래가지 못할 것이다.

> 소비가 발생하는 메인은 신사역 상권이며
> 가로수길은 신사역 상권이 아니다.

성수동 장점은 용도지역뿐인데…

성수동이 성공한 이유

성수동은 제조업 공장지대를 중심으로 형성된 공업지역으로 1990년대 이후 슬럼화가 진행되는 모습을 보이기도 했던 상권이다. 2005년 서울숲 프로젝트가 진행되며 수제화 거리 등 주변 상권과 연계된 문화와 휴식 공간이 조성되며 성수동이 새롭게 변화하는 시작점이 되었다. 이후 2010년 전후 연예인과 유명인들의 성수동 부동산 투자에 대한 기사들로 본격적인 성수동 투자 붐이 생겨났다.

하지만 이런 이슈에도 성수동 상권의 장점은 공업지역으로 용적률이 좋고 강남과 인접한다는 장점만 메아리처럼 이야기가 되었다. 서울숲 인근으로 SM엔터테인먼트가 2021년 이사를 했어도 서울숲과 성수동은 이어지는 상권이 아니기에 연결고리는 미약했다.

2018년 대림창고와 2019년 블루보틀의 진입도 미디어를 가득 채웠으나 아쉽게도 성수동 상권의 지속력은 이어지지 않았다. 이런 성수동에 생명력을 넣어 준 계기는 당연히 팝업 스토어 문화다. 2005년 뉴욕 브루클린 산업단지 개발 사업에서 영감을 얻어 한국의 브루클린 '성수동'의 독특한 콘셉트였고, 이것을 문화로 만들어낸 업체가 '무신사'였다.

2017년 성수동에서 '무신사 테라스' 팝업 매장을 운영하고 2019년에 성수동으로 이전한 무신사는 2020년 여러 마케팅 활동과 프로젝트를 진행했다. 대표적 활동 중 하나는 '스튜디오 성수'로 패션 브랜드를 지원하는 공동 작업공간이었다. 이렇게 젊은 브랜드이자 새로운 문화에 힘을 실어주는 무신사는 여러 부동산을 매입하며 공간을 만들어나갔다. 실제 2020년 연무장길 로드뷰만 보아도 지금의 문화는 거의 보이지 않는다.

무신사는 2019년 약 801억 원, 2020년 약 83억 원, 2021년 약 448억 원의 성수동 부동산을 매입한다. 그리고 무신사의 수장이 개인적으로 매입한 부동산에서 명품 브랜드 광고로 사용된 내용도 성공한 투자였다. 그리고 2022년 성수동에 2개의 매장이 오픈하며 판도가 바뀌게 된다.

디올 성수와 무신사테라스 성수의 오픈으로 성수동은 팝업 스

성수동 연무장5길의 변화

2020년 6월   2024년 4월

토어의 성지가 된다. 디올 성수는 팝업이 아닌 플래그십스토어로 오픈하며 콘셉트를 보여주는 한시적 공간으로 '디올 성수 콘셉트 스토어'라 했는데 식지 않는 분위기에 계약기간을 연장했다.

그리고 무신사테라스 성수는 무신사의 본격행보를 알리는 신호탄이었다. 2023년 많은 기사에서 보였던 성수동 무신사타운과 성수역을 무신사역으로 바꿔보겠다는 야심찬 발표였다. 그렇게 2021년부터 변화하고 2022년 잠재력이 폭발해 2024년 상반기 지금의 연무장길이 있게 되었다.

여러 유명 엔터테인먼트와 기업들이 들어온 것과 무신사가 다른 이유는 새로운 문화를 만들고 현장에 입히면서 상권과 동반한다는 것이다. 많은 사람이 알고 있듯이 무신사는 "무진장 신발 사진 많은 곳"이라는 온라인 커뮤니티에서 시작하고 패션 매거진을 운영하다가 온라인 매장 사이트를 운영하게 된 회사다. 이는 무신사에 트렌드를 이끌어 가는 능력이 있었기에 가능했던 현상이다. 단편적인 이슈라 하더라도 그것이 지속력을 가지고 한 입지에 뿌리를 둔다면 새로운 상권의 내구력이 생긴다는 것을 보여준 모습이라 할 수 있다.

한국의 브루클린도 요즘 식의 힙한 분위기도 무신사의 마케팅 능력과 과감한 투자가 함께 만들어낸 능력이고 이것이 지금의 성수동이다. 단편적인 SNS 이슈로 사람을 모으는 것이 아닌 새로운 문화가 매일 변화하는 성지로 만들어냈기에 가능한 결과인 것이다.

연일 계속되는 이슈가 수년간 이어지고 사람이 집중되며 자연스럽게 다양한 F&B 업체도 들어오며 거대 상권으로 자리를 잡았다. 그냥 팝업이 있어서 유행이 그래서라며 부동산 가격 상승을 설명하기에는 부족하다. "지금 이렇게 유명한 브랜드도 여기서 팝업을 합니다." "매장을 들어가기 위해 길게 줄이 이어져 있습니다."라는 표현만으로는 빌딩 투자를 해도 괜찮은지 가장 핵심적인 상권의 힘은 어디에서 나오고 투자 시점의 초반인지 후반인지 감도 잡기 힘들다.

이런 걸 단정하기는 어려운 것이 사실이나 이 상권이 어떤 힘으로 사람을 유입하고 있는지 소비가 실제로 만들어지는 것인지 가장 중요한 업체가 어디이고 여기서 발생하는 문화는 어떤 것으로 이루어지고 있는지 기준이라도 잡는다면 상권의 온도를 더 정확하게 느끼고 투자할 수 있게 된다.

성수동의 비결은 SNS 유명세가 아니라
새로운 문화가 자리 잡아서이다.

종로는 종로다

여전한 종로의 소비자층

종로는 서울의 중심지라는 아이콘으로 여겨지며 대한민국 첫 번째 도시개발 현장으로 상업지역이 밀집되어 있어 각종 금융기관과 대기업들이 모여 있어 경제적 중심부가 되었다. 여기에 정치, 문화까지 어우러진 대한민국의 대표적인 번화가다. 종각이 있는 블록인 관철동은 항상 인파로 붐비고 생동감이 넘치는 활력의 중심지였다.

이런 종로가 2010년대 중반부터 대형 공실들이 눈에 띄게 보이며 상권이 하락한다는 내용의 기사가 나오고 북촌에서 이어지는 익선동은 2016년 젠트리피케이션으로 원주민들의 퇴출을 걱정하는 기사들까지 나오며 종로가 예전만 못하다는 표현이 많았

젊음 사라진 종로 '젊음의 거리'

서울 종로구 관철동의 중심지 '젊음의 거리' 초입에 있는 건물에 임대 안내문이 붙어 있다. 지난 1·2층에 2016년까지 청바지 브랜드 뱅뱅이 입점해 있었지만, 이후 2년 넘게 비어 있다. 사진 정미화 기자

9월 3일 오후 2시 서울 종로구 관철동의 중심지 '젊음의 거리(구 피아노 거리)' 초입. 도로변에 있는 가장 큰 건물 1·2층 창문에 '임대'라고 적힌 커다란 안내문이 붙어 있다. 이곳은 청바지 브랜드 뱅뱅 매장이 2014년 3월부터 2016년 12월까지 있던 자리다. 하지만 벌써 2년 넘게 비어 있다.

원인 1 | 매출액에 비해 과도한 임대료

관철동 상권 몰락의 가장 큰 원인은 높은 임대료다. 한국감정원에 따르면 지난해 종로의 3.3㎡(1평)당 월평균 임대료는 9만4200원이었다. 인근인 광화문(7만원)보다 1만4300원, 서울 전체 평균(5만8000원)보다 2만6300원 비쌌다. 2005년 전후로 프랜차이즈 업체가 대거 들어오면서 올랐던 임대료가 10년 넘게 유지된 영향이 크다. 당시는 젊음의 거리 남북에 있는 청계천이 복원되면서 일대 상권이 호황이었다.

그런데 최근 들어 임대료가 내려갔다. 올해 상반기 종로의 3.3㎡당 월평균 임대료는 서울 평균(5만8000원)과 2만2000원차이인 8만원까지 떨어졌다. 지난해 상반기(8만4000원)와 비교하면 4000원 낮아졌다.

종로 전통 상권(관철동 일대) 상가 공실 현황

서울 지하철 1호선 종각역 인근 9번 출구 앞 대형 안경점이 있던 건물 1~4층이 통째로 공실이다. 이 건물도 출입구 앞에서 판 노숙자가 잠을 자고 있다. 사진 정미화 기자

출처: 〈이코노미조선〉, 2019년 9월 7일자

다. 당시 대한민국은 글로벌 금융위기(2008~2009년)를 지나 경제 회복의 시기였다. 2014년 GDP 성장률 약 3.3%에서 다음 해 2.8%로 둔화하고 주택담보대출의 증가로 가계부채가 급증하던 시기로 전국 어떤 상권도 예전만큼 활발하지 못했던 시기였기에 종로의 대표성에 의한 집중 기사였다고 필자는 판단한다. 매장을 직접 운영하는 분들의 어려움은 현실일 수 있어도 실제 임대인의 상권은 구분해서 보면 크지 않았기 때문이다. 당시 공실에 대한 기사도 젊음의 거리 초입 대로변에 있는 코너 건물에서 의류 브랜드 뱅뱅이 2016년 12월까지 사용하고 장기간 공실이라는 내용을 주로 활용하고 있었다.

우선 종로 상권을 2가지로 구분해서 읽어야 한다.

대로변은 유동인구와 넓은 대로변의 가시성으로 인한 홍보형 안테나 매장과 유동인구, 즉 워킹 손님을 중심으로 이루어진 소매점이 대부분이었다. 또 대한민국의 대표 상권이었던 종로 대로변의 임대료는 대기업의 직영점이 아니면 감당하기 힘든 금액으로 형성되어 있었다.

그리고 이면에 위치한 상가는 모임을 갖기 위한 장소와 먹자 상권이 골목으로 촘촘히 자리하고 있다. 인용한 신문기사 우측 상단에 '종로 전통 상권 상가 공실 현황'을 보아도 상가 밀집도 대비 대로변의 공실 비중이 더 높은 것을 알 수 있다. 이 시점에서 왜 대로변 공실이 많이 발생했는지 원인은 간단하다.

2015년 국민 1인당 택배 건수가 35.7건으로 2010년 대비 42.8% 상승한 모습을 보이며, 경제활동인구로 확인 시 횟수가 67.9회로 1주일에 한 번 이상 이용하는 것을 알 수 있다. 여기에 택배를 사용하지 않는 여행, 공연, 렌털 서비스까지 합산하면 실제 수치는 더욱 상승하게 된다. 이 시기부터 대기업들의 온라인 광고와 홍보 비중을 높이기 시작해서 2018년 디지털 광고의 비중이 TV 광고를 초과하게 되었다. 하지만 코로나19 이전까지 이면 골목의 간판을 보면 빼곡하게 자리하고 있다.

물론 종로 골목의 사진으로 모든 것을 다 설명할 수는 없으나 빌딩 투자를 하면서 상권과 골목에 대한 변화를 읽고 방향성을 잡기에는 부족함이 없을 것이다. 이렇게 내 건물에 돈을 지불해줄

택배비용 횟수 추이

연간 이용횟수

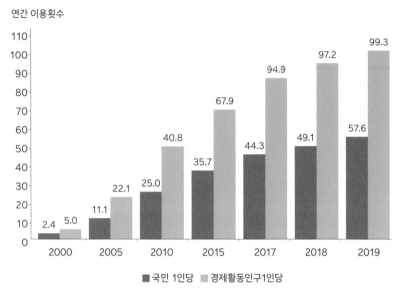

출처: 한국통합물류협회

종로 골목의 로드뷰(2018년 7월)

소비자가 꾸준한 것을 보았다면 세부 조항으로 넘어가면 되는 것이다.

온라인 시대로 변화하면서 대로변 1층 상가가 힘을 잃어가는 모습을 보면서 함께 생각해야 하는 부동산 상품은 구분 상가다. 필자가 강의를 위해 사용했던 표현은 "대로변 상가의 경쟁업체는 쿠팡이다."라고 설명했다. 2023년 이커머스 시장 점유율 1위 업체 상호를 빌려 이야기했다. 종로에서 먼저 보이긴 했으나 타깃팅이 모호한 대로변 상가에서 이미 1층을 피하는 모습은 많이 볼 수 있다.

다시 빌딩 투자를 위한 검토로 돌아온다면 종로의 소비자는 여전히 있다. 회식 문화는 줄어도 소비하는 직장인들은 그대로 내재되어 있으며 중심지가 가지고 있는 교통 인프라로 많은 이들이 모임 장소로 꾸준히 찾고 있다. 젠트리피케이션의 걱정이 많았던 종로3가역 익선동 상권은 어떤가? 새로운 임차인들로 채워져 임대료를 지불하고 모여 있다. 이런 모습을 보면서 생각하면 자생할 수 있는 문화와 인규 유입의 힘이 있다면 심지어 내재된 경제활동 인구도 그대로 유지하고 있다면 에너지가 충분한 상권인 것이다.

종로라는 상권에 대해 세부적인 건물들의 사례를 다 이야기하기는 어려우나 관철동 안쪽 골목의 먹자 상권도 모두 괜찮은 건 아니다. 예를 들어 종각역 아래에 있는 광교 사거리는 사람의 발길이 닿기 어려운 위치로 광교약국부터 청계천을 따라 운영이 어렵게 보이는 건물들이 이어져 있다. 이유는 사람의 발길이 닿지 않는 곳이기 때문이다.

청계천을 따라 걷는 사람이 있는데 무슨 발길이 없냐 생각할 수 있으나 청계천을 따라 걷는 사람들은 대부분 목적지를 향해 걸어가지 멈추어 소비하지 않는다. 실제 멈추고 돈을 쓰지 않기에 매장 운영이 어려운 것이다. 그렇다면 건물의 운영을 달리해야 하는 것이고 그 차이는 간판을 읽어가면 다름이 보이고 끊어진 부분을 알 수 있게 된다. 아무리 원천적 힘이 꾸준한 상권이라 해도 1m 단위로 변하는 게 상권이다. 그래서 보편적 수치화가 안 되는 것이다.

상권의 몰락인지 상품의 몰락인지
구별하는 안목이 필요하다.

대학로와 홍대의 문화는 이어진다
독립문화 보유의 가치

상권이 가지고 있는 힘이 있으며 안정적인 소비가 발생하는 상권이 된다. 이 상권은 빌딩 투자의 근간이 되는 것이라 생각된다. 도시가 가지고 있는 특색과 경제적 입지와는 다르게 독립적 문화를 가지고 있는 상권은 안쪽 골목의 건물까지 활용이 되며 개인 투자자들이 진입하기 적합한 규모의 중소형 매물의 비중이 높은 편이다. 그중 대표적 문화 지역은 음악의 홍대와 연극의 대학로가 있다.

대학로 상권은 혜화동 로터리에서 종로5가로 이어지는 도로에 4호선 혜화역을 중심으로 형성된 일대를 이야기한다. 여러 대학이 모여 있어 대학로라 불리는 지역으로 한국 최초의 연극영화

학과가 처음 생긴 경희대학교와 인접해 생긴 문화로 다양한 소극장들이 자리하고 있다. 영화의 메카인 충무로와도 가까워 한국 연극계의 메카로 불리고 있다. 현재도 많은 배우와 개그맨이 대학로 공연을 통해 연예계에 진출하는 모습을 심심치 않게 볼 수 있는 공연 문화가 뿌리 깊은 지역이다.

홍대 상권은 명동에서 신촌으로 이어지는 음악감상실과 통기타의 음악 문화가 1990년대에 들어서며 인디밴드가 자리 잡은 홍대 상권에 자리를 잡게 되었다. 처음 홍대 상권은 미대생들이 가정집에 있는 차고나 반지하 방을 작업실로 활용하고 모여 어울리면서 발생했는데 음악이 자리를 잡으며 라이브 공연이 함께하는 주점과 클럽들이 생기면서 대표적인 문화공간 상권으로 자리매김했다. 2000년대로 들어서며 버스킹이라는 문화로 다양한 예술가의 공연이 거리에서 이루어지고 상권 특유의 밤문화와 함께 현재까지도 이어지는 문화 상업지역이다.

두 곳 다 문화가 만들어주는 꾸준함을 가지고 있다. 다만 차이가 있다면 대학생 문화가 변하고 개발 호재가 없는 대학로 상권은 특별한 호재를 맞이하지 못하고 조용하게 유지가 되고 있는 반면, 젊음이라는 이슈가 꾸준히 유지되는 홍대 상권은 2016년 공항철도 개통과 2018년 경의중앙선 개통으로 트리플 역세권의 유동인구 흡입이 더 많아졌다는 것이다. 2010년 중반부터 주목받던 연남동 숲길이라는 상권의 확장과 지속이 가능한 원동력이라고 생각된다.

그뿐만 아니라 홍대 상권이 가진 문화는 공항을 통해 바로 들어오는 외국인 유입에 지대한 영향을 주며 게스트하우스, 에어비앤비와 함께 부티크 호텔까지 이어져 상권에 힘을 실어주게 된다. 아마 지하철 개통이 직접적으로 만들어준 상권 확장에서 홍대입구역만큼 변화한 곳이 있을까 싶다.

도시 개발과 상권의 확장은 뒤로하고 상권이 가진 힘을 본다면 상대적으로 아무런 호재도 없고 오히려 젊은 세대의 달라진 대학생활이라는 악재가 있음에도 대학로는 꾸준히 성장하는 상권으로 팝업 스토어가 오픈해 마케팅도 진행하며 1년 내내 인구가 꾸준한 지역이다. 홍대 상권은 다양한 이슈의 성장세 속에 교통 인프라의 개발로 인한 폭발력 있는 성장을 한 상권이다. 호재가 없어도 꾸준히 성장하거나 폭발력 있는 성장 후에도 꾸준히 앞으로 나아갈 수 있는 힘이 있는 것이고, 이 힘의 원천은 지역이 품고 있는 문화로 만들어진 상권이라 할 수 있다.

연극과 음악이라는 예술이 탄탄하게 자리 잡은 문화를 보유한 상권이 보여준 힘으로 대학로는 한동안 수익용 부동산 거래 단가의 상승이 작용하지 않아 연수익률 4% 전후의 건물들이 시장에 매물로 나오곤 했다. 홍대 상권은 연남동으로 확장된 상권 사이에 양화로 8차선 광대로가 있음에도 하나로 이어진 상권처럼 유동인구를 탄탄하게 채우는 것을 볼 수 있다.

이렇게 오랜 시간 자리 잡은 테마를 가지고 있는 상권은 주변의 도움을 받지 않아도 스스로 상권을 이어나가고 확장해서 채울 수 있는 힘을 가지고 있다. 그리고 다른 시각으로 연극, 음악, 예술이 자리 잡은 공간은 시장경제가 차가워지거나 시대의 변화가 있다 해도 쉽게 흔들리지 않는다는 것이다. 빨라진 시간 속에 변화의 단위가 짧아지고 있어 어디에 투자해야 할지 고민이 된다면 지역 안에 뿌리 깊게 자리 잡은 문화를 가지고 있는 상권 속에 투자하는 것도 안정적 투자 방식의 하나라 할 수 있다.

내가 소유한 건물 공실이 생겨 힘들게 새 임차인을 기다리고 있다면 이야기한 포인트에 맞춰 속한 상권의 색깔과 이 문화를 이루고 있는 사람들이 필요한 공간으로 직접 활용도 할 수 있을 것이다. 오히려 이런 지역은 특색에 맞춘 공간을 필요로 하는 수요가 있을 것이고 수익성을 임차인이 맞추기 어려운 아이템을 찾기가 어렵지 않을 것이다.

> **성장하는 상권만큼
> 흔들리지 않는 탄탄한 상권도 중요하다.**

이대와 신촌의 차이는 무엇일까?

소상공 거리와 먹자골목

신촌역과 이대역은 대학가 상권의 대표주자로 한때 문화와 패션의 선두주자였다. 이런 상권이 예전만 못하다며 여러 매체에서 상권의 몰락이라는 기사들이 나오고 부동산 유튜버도 "이대 상권이 현재 이렇게 공실이 있다." "이대 상권은 이제 어렵다."라며 현실을 이야기하곤 한다. 이런 상황이 왜 일어났고 앞으로 변화가 가능한지 또 상권의 입지에 따라 달라지는 내용은 어떻게 되는지 알고서 상권을 바라보는 시각이 필요하다.

다음 페이지 지도를 보자. 상권은 신촌과 이대로 나뉘며 중간에 흐르는 구간이 있다. 여기 초록색 구간에서는 1990년대 유동인구가 당연하던 시절에는 무엇을 해도 중간은 가능한 지역일 수

신촌 상권과 이대 상권

있었다. 그러나 현재 아무런 특색 없이 지나가는 사람들을 멈추게 하는 힘은 온전히 스스로 만들어야 하는 자리로 상권이라 부를 수도 없는 위치다. 몇십 미터 거리에 위치하더라도 부동산의 가격이 비슷하다면 매입 및 개발을 조심해야 한다.

상권은 먹고 즐기는 신촌과 소매점 위주의 이대 상권으로 구분된다. 필자는 오래전부터 신촌과 이대는 인근 상권이지 하나의 상권이라 생각하지는 않았다. 오래전 경의선 신촌역이 중심이었던 시절, 상권의 중심으로 좌우로 두 상권을 유지하는 시절에서 2호선의 개발과 2가지 색깔을 가진 독립 상권으로 성장했기에 각각 하나의 상권이 되었다.

이대 상권은 왜 실패했나

많은 사람이 실패한 상권으로 이야기하는 이대 상권에 관해 알아보자. 여기는 왜 무너지게 되었는가? 근본적인 내용을 보고 빌딩 매입을 한다면 어떻게 내 건물에 소비를 이끌어낼 수 있는지 구상이 되어야 한다. 인근 부동산과 장사를 하시는 사장님들께서 미디어 인터뷰에서 "2013년 쇼핑관광권역"으로 지정되면서 커피숍의 입점도 어려워지고 건물들의 개발도 어려움이 생겨 결국 상권의 하락으로 이어지게 되었다는 이야기를 많이 한다.

맞는 내용이다. 하지만 이대 상권의 부흥은 쇼핑관광권역이 지정된 이유가 바로 부흥이 된 이유이고 원동력이었다는 내용은 이야기하지 않는다. 처음부터 이대 앞은 아기자기한 패션·잡화를 보려고 모여든 사람들의 소비력으로 이루어진 상권으로 이 근본적 내용을 쉽게 변화하기 어려웠던 것이다. 그래서 '쇼핑관광권역'의 지정은 과정이지 이대 상권의 근본적인 내용은 아니다.

지도에서 볼 수 있듯이 이곳은 먹자 상권과 모임의 장소가 아닌 소매점이 중심인 상권이다. 20대 여자들이 밀집되어 있어 패션의류, 액세서리와 화장품 매장들이 중심을 이루는 자리라는 것이다. 앞서 종로에서 이야기했듯이 2015년 전후로 온라인 소비가 늘면서 1층 상가의 경쟁상대는 '쿠팡'이 되었고 시대에 맞춰 이대 상권도 온라인 커머스에 밀려난 것이다. 소비의 근원이 그렇고 이곳에 유입되는 인구들의 지갑은 그 이유에서 열렸었다.

이 질문에 이대는 2010년대 중반에도 활력이 있었다는 이야기를 하기도 한다. 그러나 이것은 중국 관광객이 밀집되면서 생겨났던 현상이다. 이화여대의 이화의 중국어 발음 '리화'가 중국어로 돈이 불어난다는 뜻의 '리파'와 발음이 유사하다는 이유에서 이화여대 지하캠퍼스에 있는 대강당 앞 계단과 정문 벽면에 있는 배꽃 문양 부조에서 인증샷을 찍기 위한 방문이 근원이었던 것으로, 한때 제2의 명동이라는 수식어도 생기며 활기를 찾는 듯 보였던 것이다.

중국인 관광객이 몰리면서 당연히 화장품 등 소매점들의 매출이 올라가고 거리에 사람은 북적이며 활력을 느낄 수 있었을 것이다. 입소문을 타고 SNS에 올라온 사진으로 한 번씩 방문하는 장소였기에 이를 활용해 상권을 살리기 위해선 버스 주차를 원활하게 하고 이대 상권의 아픈 손가락인 이대역 뒤에 있는 예스에이피엠과 인근 공개공지에 관광객이 원하는 배꽃 문양을 만들었더라면 코로나19가 끝난 지금도 관광객의 발길이 이어지지 않았을까 하는 생각도 해보게 된다.

왜? 소비자가 와야 하기 때문이다. 소비력이 있어야 내가 소유한 빌딩에 사람들이 돈을 지불하고 매장을 오픈하기 때문이다. 단단하게 자리 잡은 소비의 이유가 어떤 것인지 알아야 하고 이 소비로 인해 빌딩 투자의 매력이 발생하는 것이다. 이대 상권은 이렇듯 소매점의 소비 상권이다.

현재도 지하철과 연결이 용이한 입지에는 유명한 미용실이 많고 스튜어디스 아카데미도 운영되고 있다. 이것은 20대인 이화여대 학생들이 꾸준히 다니고 있기에 가능한 상권인 것이다. 결국 이대 상권은 이화여대 학생들만 남은 자리가 되었다.

여기에 있던 유명 브랜드 화장품 매장도 떠나가고 오랜 시간 공실이 된 이유는 온라인 커머스 시대로 접어들면서 유사한 제품들로 경쟁하는 오프라인 매장이 어려워진 것이고, 이 어려움을 한 박자 더 느리게 대응하게 된 이유는 중국인 관광객이 몰리면서 몇 년간 이어나갈 수 있었기에 발생한 현상이다. 군부대가 떠난 상권과 유사한 내용으로 왜 상권이 유지가 되었는지 알아야 하는 내용인 것이다.

이대 상권의 경우도 소상공 판매업이 상권 소비력의 중심이었고 여기에 재미있는 분식점들이 자리하고 있었기에 상권이 시대 변화에 발을 맞추지 못해 쇠퇴하게 된 상황으로 20대 여성들이 소비자인 매장들은 현재도 명맥을 유지하고 있다. 이런 건물에 맛집이 들어오고 유명 매장이 생긴다 해도 상권이 살아날 가능성은 낮아 보이며 괜찮은 건물을 매입했다 하더라도 예전의 이대 상권이 아닌 이대역과 주변 인구분포에 따른 소비를 가져올 수 있는지를 검토해서 빌딩 투자를 진행해야 하는 지역이 된 것이다.

신촌은 무엇이 달랐나

신촌 상권은 1980년대와 1990년대에는 20대 깨어 있는 대학생들의 공간이었고 새로운 문화가 만들어지는 장소였다. 단순한 대학가의 상권이 아닌 한 시대의 문화와 멋을 만들어내는 중심이었고 젊음이라 불리는 상권에서 단연 으뜸인 곳이었다. 1980년대 통기타 음악을 중심으로 1990년대에는 록카페 문화를 중심으로 늦은 시간까지 사람들이 북적이는 상권이었다.

신촌 상권에 방문하거나 관심을 가졌던 사람들은 들어봤을 레드제플린과 우드스탁처럼 유명한 LP바 음악 주점들도 많은 사람이 찾는 장소였다. 한때 단위 면적당 가장 많은 주점이 밀집되어 있는 지역이 신촌이라는 이야기(검증된 이야기는 아니다)가 있을 정도로 신촌은 많은 사람을 유입하고 소비하게 만드는 힘을 가진 상권이었다.

이런 상권이 1990년대 서대문구청과 경찰서에서 '록카페'를 단속 규제했고 연세대학교 내에서도 '록카페 추방 운동'을 벌이며 신촌 문화의 퇴폐성에 대한 문제 제기와 해결책을 도모하면서 위기가 있었고 이 사건을 계기로 신촌에서 홍대로 음악과 문화를 즐기는 사람이 넘어갔다는 이야기도 있다.

이렇게 2000년 들어 어려워진 신촌 상권을 2012년 대중교통 전용지구 사업지로 선정하고 2014년 차 없는 거리가 실시되면서 신촌 상권을 찾는 이가 더 줄어드는 현상이 보였다. 이런 다양한 악재 속에 신촌이 망했다, 신촌이 사라져간다며 대기업도 포기한 신촌이라는 주제로 자리를 오래 지키던 투썸플레이스와 롯데리아가 사라졌다는 이야기도 들려왔지만, 이것은 유명 입지에 대한 결과론으로 실제 상권을 유지하는 이면의 실제 상권 흐름을 모두 대변하는 것은 아니다.

소비가 이루어지는 안쪽 먹자골목을 보면 실제 비어 있는 상가를 찾기 어려운 모습이다. 사람들의 모임이 많았던 지역으로 당연히 알고 있는 듯 "현대백화점 앞에서 보자." "KFC 앞에서 보자."처럼 자연스러운 약속들이 있었던 지역이다. 필자는 당연한 약속장소가 가지고 있는 유입력을 중요하게 생각한다. 돈을 쓰기 위해 만나는 장소로 내가 투자하는 지역에 이런 장소가 있다면 이들의 소비 성향을 기준으로 투자가 필요한 것이다. 이것의 대표적 상권이 신촌인 것이다.

그래서 필자는 "신촌은 죽은 것이 아니고 줄은 것이다."라고 표현한다. 2024년 5월에도 현대백화점 뒤 닭갈비집은 영업하고 있다. 그 안쪽으로 이어진 골목들도 1층, 2층 3층 할 것 없이 모두 간판들이 가득하게 자리 잡고 있다. 영업이 가능한 상권이라는 이야기다.

신촌 상권 좌측에 있는 창서초등학교 북단 이면 골목으로도 먹자 라인이 유지되고 있는데 위아래로 이어진 메인 골목과의 차

신촌 먹자골목

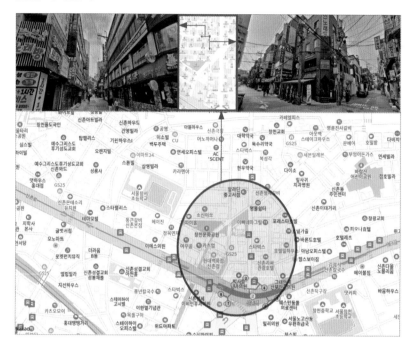

이가 있다. 상가 운영은 거의 2층까지만 운영이 되고 3층부터는 쉽게 자리를 잡지 못하는 모습이다. 현대백화점 뒤 닭갈비 집을 따라 올라가면서 좌측으로 4~5개 골목이 자리하고 있으며 안쪽으로도 먹자 라인이 형성되고 밤이면 유동인구도 움직이고 있는 걸 알 수 있다. 그러나 몇 개의 건물을 제외하고는 3층은 고시원(원룸텔)이나 주거 목적으로 자리 잡고 있는 것을 볼 수 있다. 이것이 신촌 먹자 상권의 특징이다.

메인 골목으로는 지상 3층 위로 매장 운영이 가능하고 꺾어

3층 매장 운영이 적은 신촌 상권

져 들어가는 골목의 상권은 3층부터는 일반적인 매장 운영이 흔치 않다는 것을 인지해야 한다. 안쪽 골목에 투자한다면 처음부터 3층이 장사가 가능한 방법을 고민하고 들어가든가 일반 매장이 아닌 상태의 수익률을 확인하고 들어가야 하는 것이다.

다르게 생각하면 안쪽에 저렴하게 건물 매입의 기회가 생겼다면 3층부터는 고급스러운 원룸텔을 만들어 주변 경쟁업체보다 우위를 점하는 방식도 수익률 향상에 좋은 방법이라고 할 수 있겠다. 안쪽의 안쪽까지 먹자 라인이 이어지고 있으니 1층과 2층 운영의 걱정보다는 3층에 집중해서 건물의 가치를 올리는 방식이 필요한 상권인 것이다.

이렇게 상권의 소비 패턴을 알고 간판이 이루어진 모습을 보면서 빌딩의 안정적인 수익성을 보고 판단하면 해당 입지에서의 빌딩 운영을 알 수 있다. 신촌 빌딩에 투자한다면 상권의 성패가 아닌 골목의 특장점이 내가 하는 투자와 적합한지를 생각해야 하고 저렴한 단가로 유지가 되는 매장을 받는 건물들의 평당 임대료가 얼마에 형성되어 있는지 체크하는 것이 오래된 건물을 매입하고 리모델링해 가치를 상승할 수 있는지 판단이 되는 것이다.

또 동일 상권인 연세로 우측의 명물길은 가운데 2차선 대로와 함께 시야가 개방된 모습에 신축 개발이 많이 이루어졌고 좌측 먹자골목은 옹기종기 모여 있다면 명물길은 특색 있는 식당들이 자리를 하고 있는 모습이다. 상대적으로 객단가가 높은 식당들을 볼 수 있으며 이런 업종들이 운영하기 좋은 빌딩으로 만들어 투자한다면 충분히 좋은 결과를 만들 수 있는 곳으로 보인다. 내가 빌딩에 투자하고 운영을 하려 한다면 이런 골목의 특징과 단가의 차이를 보아야 하는 것이다.

젊음을 대표하는 상권

신촌 상권이 코로나19 이후 부흥기가 다시 올 것이라고 생각되었던 내용이 있었는데, 그것은 '신촌물총축제'로 젊은 인구와 함께 외국인 유입까지 이어질 행사로 보였다. 젊은 축제 행사가 신촌에서 진행한 이유는 우리나라에서 젊음이라는 상징성의 우량 상권이기 때문이다.

그냥 유명한 상권이 아닌 '젊음'을 대표하는 상권이다. 홍대도 강남도 모두 젊은 소비자를 중심으로 움직이고 있어도 신촌이 가

2019 신촌 물총축제 EDM 아수라장 파티현장

출처: 〈인사이트〉, 2019년 7월 6일자

지고 있는 상징성은 현재도 유지되고 있다. 연세대 1학년이 지내는 송도캠퍼스의 인구도 결국은 신촌으로 돌아오고 홍대로 넘어가고 연남동으로 넘어간 소비층이 있어도 신촌은 유지가 되고 있기에 새로운 테마만 생긴다면 다시 명성을 찾을 수 있는 힘이 있는 것이다. 축제를 준비하기 위해 장소 섭외와 주변 상황 등 여러 가지 검토가 필요하겠지만 주최 측에서 시장을 조사하고 신촌을 선택했다는 건 젊은 인구의 유입과 행사의 이미지에 적합하기 때문일 것이다.

젊은 축제가 열릴 수 있는 공간으로 여전히 신촌이 어울리며 이로 인해 신촌 상권을 젊음이 있는 거리로 추억을 만드는 상권으로 성장할 기회를 어떤 이유에서인지 2023년 상암축구경기장 옆 부지에서 행사를 하는 것을 보고 아쉬움을 느꼈다. 이렇게 많은 사람을 모아서 상권에 소비하게 만드는 현상을 놓친 모습은 실로 아쉬울 수밖에 없다. 1층 상인들의 피해 항의와 서대문구청과 행사 주최 측과의 대화로 변경된 것으로 보이나 해당 축제로 인한

뉴스1

2만명 즐긴 '신촌물총축제'…즐기지 못한 상인들 '한숨'

상인들 "매출 급감…축제 없어졌으면"

권혜정 기자
2014.08.01 오후 6:08

지난달 27일 서울 서대문구 신촌 연세로에서 열린 제2회 신촌물총축제에서 참가자들이 취재진의 카메라를 향해 물총을 쏘며 즐거워하고 있다. 2014.7.27/뉴스1

(서울=뉴스1) 권혜정 = 한낮 기온이 30도를 넘어선 지난 주말, 서울 서대문구 신촌 연세로에 한바탕 물총 싸움이 벌어졌다.

축제 당일 매출이 절반 이상 급감했다는 최씨는 "축제 당일 먹는 장사를 하는 사람들은 늘어난 손님들로 재미를 봤을지 몰라도 우리처럼 물건을 판매하는 사람들은 불만이 크다"며 "즐기는 사람들에게야 축제지, 우리같은 사람들에게는 그저 화만 돋울 뿐"이라고 토로했다.

역시 연세로에서 휴대폰 악세사리 판매점을 운영하고 있는 김모씨는 "상가를 운영하는 입장에서 이틀 내내 축제가 열리면 장사를 접을 수밖에 없어 안타깝다"며 "특히 연세로에는 주말에 유동인구가 많아 매출이 오르는데 축제가 열린 이틀간은 해당되지 않았다"고 한숨을 쉬었다.

출처: 〈뉴스1〉, 2014년 8월 1일자

재방문이 만들어낼 가치를 생각하면 안타까운 결과로 보인다.

상권과 입점해 운영 중인 매장들을 보면서 드는 생각은 장소가 연세로가 아닌 명물길에서 진행을 한다면 도로 여건은 좁더라도 축제에 참여한 사람이 방문하게 되는 매장들이 있는 골목이라면 어땠을까 생각을 한다. 소매 잡화점의 비중이 높은 연세로의 경우 축제로 인한 이득보다는 물세례로 진열 상품이 망가지고 매장 출입이 어려워 매출이 떨어지는 것을 이야기할 수밖에 없었을 것이다.

하지만 음식점이 더 많은 비중인 명물길은 상대적으로 물총놀이를 한 인구를 유입할 수 있고 매출도 낮보다는 저녁에 집중되기에 홍보도 가능해 긍정적인 영향이 더 있을 거라 생각이 된다. 행정적인 문제와 도로 여건 등 어쩔 수 없는 이유를 잘 모르기에 단정할 수는 없지만 간판을 보고 운영하는 방식들을 보면 이런 골목의 특장점이 보이고 필요한 내용과 정보에 더 자세히 들어갈 수 있다.

이런 내용을 정리해본다면 신촌 먹자상권은 예전과 달라진 분위기가 있어도 새로운 매장들로 대체가 되고 이면의 이면까지 영업이 되는 골목들로 이루어진 상권이다. 명물길은 새로운 변화가 들어올 수 있는 자리로 지금의 활기가 자리를 잡는다면 상대적으로 가치 상승이 더 이루어질 입지라고 볼 수 있다. 그리고 중앙 명물거리 삼거리의 입지는 완전히 흘러가는 자리로 건물들이 직접 소비를 끌어와야 하는 자리로 상권의 수혜를 받기 어려운 자리이며, 이대 상권은 소매 중심의 상권으로 현재 미용실, 아나운서 학원, 스튜어디스 학원 정도의 20대 여자들이 필요로 하는 상권만 유지가 되고 있다는 것을 알 수 있다.

경의중앙선 신촌역 건물에 메가박스가 있어 영화를 보기 위한 유입을 만들어내고 있어도 본 상권 내용에서 언급하지 않는 이유는 소비하는 발걸음이 멈추는 자리가 아니기에 영화를 보고 다시 다른 곳으로 흘러나가게 되기 때문이다. 큰 건물에 극장이 들어오면 분명한 파급력은 발생해도 이것이 주변 소비력으로 무조건 이어지지는 않는다.

> 유명 상권과 이어져 있어도
> 골목이 가진 특색에 따라 간판(건물 운영)이 달라진다.

상권 더하기: 신촌 날개 상권 살펴보기

신촌은 먹자골목이 중심이 되어 명물길로 이어지는 상권이다. 그렇다면 여기서 날개 상권은 어디일까? 좌측 창서초등학교 북단이 마지막 상권의 끝자락이고 이후는 주택단지로 되어 있어 한눈에도 들어오는 골목이다. 그리고 우측 명물길은 도로를 따라 이동을 하다 보면 작은 건물도 있고 일부 공실도 눈에 들어온다. 그리고 2023년 매입가 대비 약 20%의 손해를 보고 매각을 한 건물도 이 명물길에 위치해 있다. 하지만 무조건 공실이 있다고 상권의 단락을 이야기할 수 있는 것은 아니고 간판들의 나열이 지속되고 소비가 이어지는 모습을 보이는 골목은 유동인구의 소비력이 이어지는 것이다.

이런 간판을 따라가다 보면 아웃백스테이크 하우스가 있는 작은 삼거리가 나오고 이 삼거리가 상권의 끝자락인 날개자리로 볼 수 있다. 명물거리 이면에도 카페와 매장들이 건물마다 들어가 운영을 하고 있다. 또 여기 삼거리 바로 뒤에 있는 명륜진사갈비가 넓은 매장으로 있는 것을 보면 가성비 면적을 찾아야 하는 브랜드로 날개자리가 끝나는 바로 옆에 있는 것이다.

그 이후로 주택가는 아니나 간판을 보면 어떠한 소비가 연계되어서 이루어진다고 보기 어려운 동네 골목 상권의 간판들을 볼 수 있다. 1층에 있는 식당과 중간중간 커피숍이 보이고 2층은 요식업이 거의 보이지 않는다. 그렇다면 이 도로의 상권은 동네 사람들이 찾거나 인근에 볼 일이 있어 일시적으로 방문하는 사람들의 소비로 이루어짐을 예상할 수 있다.

여기서 3층 이상의 간판을 보면 사무실도 아니고 거의 주택으

신촌의 날개 상권

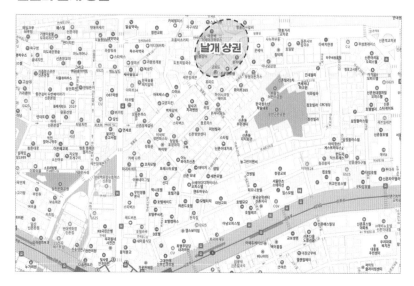

로 이루어져 있거나 저렴한 임대료에 들어올 간판들을 볼 수 있다. 공간이 이어진 입지가 그냥 흐르는 도로가 되어 있는 모습이 잘 보이는 예시라고 할 수 있겠다. 내가 빌딩에 투자하고 같은 단가로 진행해야 한다면 당연히 피해야 하는 입지라고 말할 수 있는 자리가 신촌기차역 교차로 주변이라 할 수 있다. 2호선이 경의중앙선보다 인구의 이동이 많은 지하철이라 해도 광장과 공원이 있고 메가박스 극장이 있어 조건이 갖춰진 느낌이 있다 하더라도 소비를 만들어내지 못하는 공간이라면 부동산 투자를 들어갈 수 없는 것이다.

이런 골목의 변화는 이어지는 간판의 모습이 달라지는 것을 보면서 읽을 수 있는 것이다. 프랜차이즈 업체 점포개발팀의 눈썰미와 분석 능력으로 보이는 것이기에 간판이 우리에게 주는 정보는 생각보다 많은 자료와 분석을 통해 만들어진 것이다.

새로운 문화를 흡수하는 압구정은 영원하다

압구정 명품 골목 도산

압구정동은 강남을 개발하며 진행된 아파트 단지로 당시 서울의 행정과 비즈니스가 유일하게 가능했던 중구와 종로구까지 차량으로 20분 이내에 도착 가능했던 입지였다. 전통적인 강남 부자들이 사는 동네이며 해외 거주 경험이 많은 젊은이가 있는 동네로 서양 문화가 가장 빠르게 전파되는 지역이다.

압구정로데오가 대표적인 상권으로 많은 사람이 압구정동 상권이라 알고 있는데 실제 법정동은 한강변에 붙어 있는 블록만 압구정동으로 되어 있으며 행정동으로는 동호대교를 기점으로 좌측이 신사동, 우측이 압구정동으로 되어 있다.

법정동이란 지적도와 주소 등 모든 법률적 업무에서 사용하는

법정동과 행정동

공식 명칭이고 행정동은 행정 업무의 편의를 위해 인구, 구역 등으로 주민 관리를 위해 사용하는 명칭이다. 예를 들어 역삼동은 법정동이고 역삼1동은 행정동으로 사용된다. 이렇게 행정동으로 나뉘는 모습을 보는 이유와 행정 시스템이 하나로 묶여 있다는 건 그 안에서 사람들의 이동도 이루어진다는 것이다.

　법정동의 신사동이 길게 이어져서 강남 상부의 하나의 상권으로 보이기는 하지만 실제는 행정동인 압구정동이 크게 보이는 상권이고 신사동은 옆의 다른 상권이다. 앞서 가로수길 상권을 신사역 상권과 비교하며 설명을 했는데 필자는 압구정로데오 상권의 서브 상권이 가로수길이란 생각도 가지고 있다. 서양 문화와 유학생들이 중심이 되어 아지트를 잡고 압구정로데오와는 조금 다르지만 연계되는 상권이 가로수길의 시작이었던 이유에서다. 그리고 그 인구가 다시 압구정로데오 상권으로 돌아간 모습이 상권의 향상과 쇠락의 결과로 나오는 것이다.

실제 업무시설의 비율도 행정동 기준으로 신사동이 높고 압구정동이 상대적으로 낮게 운영되는 차이를 보인다. 이렇듯 행정동을 기준으로 소비력이 형성된 곳이 많이 있으며 동호대교 남단에서 도산대로까지인 신사동과 압구정동의 행정동 사이 대로변은 외국인 원정 의료도 진행되는 성형외과 병원이 밀집된 곳으로 외부 유입도 꾸준하게 발생한다. 한층 더 세밀하게 골목을 들여다보면 고급 주거가 받쳐줘서 가능한 입지로 단가가 높은 매장과 학원이 이면 골목까지 밀집되어 있는 모습을 볼 수 있는 곳으로 신사와 압구정에서 유입되어 소비가 이루어지는 경우는 드문 지역이다. 이렇게 압구정동은 행정동 구분을 보면 신사역, 압구정역, 압구정로데오 3개로 구분되며 더 안으로 들어가면 골목마다 이루어지는 내용을 볼 수 있다.

이렇게 행정동으로 상권이 형성되어 있는 압구정동의 메인 상권인 압구정로데오는 맥도날드 1호점이 1988년도에 갤러리아 백화점 건너편에 들어오는 시기부터 1990년대 오렌지족과 야타족의 유행을 불러일으키며 찬란한 상권의 전성기를 달리게 된다. 케이블 TV가 들어오며 인터뷰 중심의 길거리 방송도 압구정로데오 아디다스 매장 앞이 많았던 것으로 기억한다.

이런 대표적 상권이 2000년 초반부터 점차 쇠퇴하기 시작하더니 스마트폰의 보급과 SNS가 확산되던 2000년대 중반부터

'핫플레이스'란 단어의 사용과 함께 소비층이 분산되며 하락기를 보내게 된다. 트렌디한 장소를 찾거나 상권의 가격이 너무 올라 젠트리피케이션이 발생하는 내용은 어디나 비슷하기에 먼저 활성화된 상권이라 해도 하락의 시작점은 아니라 생각된다.

압구정동로데오 상권의 첫 하락 시점은 1997년 IMF 사태와 함께 경제위기가 시작되며 흥청망청 즐기던 문화가 사라지고 대한민국 전체의 소비가 위축되던 시기였고 이후 이어지는 신규 상권에 타격이 길었던 것으로 판단된다. 이유는 압구정로데오는 외국인 관광객의 비중이 매우 낮은 우리나라 사람을 중심으로 돌아가는 상권이고 소비에 대한 과시와 허세가 용인되는 상권이기 때문이다. 오렌지족이 그랬었고 오히려 더 고급 상권인 명품거리보다 돈 자랑(?)이 쉽게 가능한 상권이었다.

유행에 민감하고 새로운 변화를 받아들이는 데 금액적 저항이 낮은 상권이 압구정로데오의 모습이기에 가능한 현상이다. 압구정로데오거리의 미래는 압구정 아파트 단지가 유지되고 향후 재개발이 된다면 더 단단하게 유지될 것으로 생각된다. 단순하게 압구정로데오 상권은 압구정 아파트로 힘을 받는 상권이 아니라 강남구의 아파트가 고급 주거로 유지가 되는 한 언제든 새로운 옷을 입으며 시장을 주도하는 상권이 될 수 있을 것이다. 상권에서 이루어지는 단가가 여유롭게 적용할 수 있는 입지에서 가능한 조건이라 가능한 것이다.

실제로 성수동에서 활발하게 이루어지고 있는 팝업 매장을 압구정로데오에서 흡수할 수 있다는 것이 필자의 생각이다. 실제 2022년 입생로랑, 2023년 루이비통이 팝업 스토어를 압구정 상권에 오픈했고 젠틀몬스터는 하우스 도산이란 이름으로 건물을 임차해서 매년 팝업을 진행하고 있다.

2023년과 2024년 상반기에 성수동 팝업 매장 임대료는 수천만 원에서 많게는 일주일에 억 단위로 지불하고 있는데, 이 단가라면 압구정에 못 들어올 금액이 아니다. 당연히 성수동의 가지고 있는 환경에서 나오는 매력은 다른 것이나 내가 빌딩을 매입한다면 그리고 팝업 매장으로 활용이 건물 운영의 메인 테마라면, 필자는 압구정이 더 오래 갈 것이라고 생각한다.

앞서 이야기했던 성수동의 상권이 문화를 만들어 정착했기에 우수한 상권이라고 이야기를 했으나 하나의 리스크가 있다면 교통 인프라가 더 좋은 젊은 상권과 높은 단가와 트렌드 3가지를 모두 보유한 압구정로데오 상권에 팝업 스토어 주도권이 넘어가는 것이라 생각된다.

이렇게 압구정은 다양한 상권의 옷을 찰떡같이 잘 갈아입을 수 있기에 변화가 발생해도 지역이 가지고 있는 자산력(?)으로 흡수해 시장을 리딩할 수 있는 것이다. 그리고 바로 그런 압도적인 장소가 압구정로데오 상권이다. 고가의 청담동 상권과는 다른 모습의 활력과 생기가 있는 분위기로 인구를 유입하고 문화를 가져와 압구정만의 색상으로 갈아입는다.

> **기초가 부자 동네인 상권이 문화를 선도한다면 이곳이 소비의 고향인 것이다.**

상권 더하기: 압구정 명품 골목 도산

압구정의 상권은 활기가 넘치는 압구정로데오 상권과 갤러리아 백화점을 시작으로 세계적인 명품 매장이 이어져 있는 청담동 명품거리와 함께하고 있어 상권을 지탱하는 힘이 더 강하게 발휘되고 있다. 지리적 위치의 중심에는 분더샵 청담이 있으며 압구정로데오 상권과 청담동 명품 상권을 이어주는 역할을 하고 있다. 그런데 필자가 생각하는 압구정동의 진짜 명품 골목은 도산공원 앞 리버사이드길이다.

도산공원 입구에서 도산대로까지 이어지는 약 150m 정도의 거리로 도산 안창호 선생이 캘리포니아주 리버사이드에서 독립운동한 것을 기념해 만들어진 도로다. 부촌인 압구정동, 청담동과 인접했으며 폭 20m의 넓은 도로가 주는 개방감은 번화한 상

도산공원 앞 리버사이드길

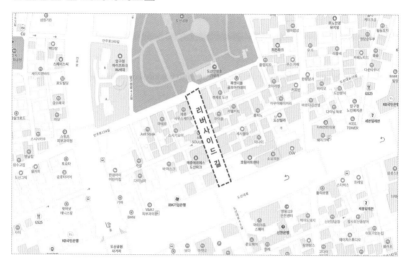

권과는 다른 여유로움을 느끼게 해주는 골목이다. 1990년대는 화랑과 이국적인 식당이 중심인 거리였지만, 에르메스코리아가 1999년 토지를 매입하고 2006년 11월에 '메종 에르메스 도산파크'가 오픈하면서 청담동과는 다른 명품거리로 부상하게 되었다. 이후 글로벌 럭셔리 브랜드와 코스메틱 대표 브랜드의 플래그십 스토어들이 들어오며 거리의 품격이 올라갔다.

2000년대 압구정로데오 거리가 하락세일 때도 리버사이드길은 꾸준히 우상향하는 모습을 보였다. 그리고 지금은 이 럭셔리한 분위기가 압구정동의 중심 품격이 되었다. 실제 이루어지는 팝업 스토어도 도산공원과 인접한 골목을 중심으로 열리고 있으며 젠틀몬스터 하우스 도산, 위글위글 도산처럼 압구정보다 도산을 사용하는 것을 볼 수 있다. 이것이 상권의 중심부이기에 일어나는 현상으로 압구정로데오 상권이 가지고 있는 힘의 핵심으로 빌딩 매입 검토 시 역세권보다 더 눈여겨봐야 할 장소가 되는 것이다.

대한민국 1등 항아리 상권

대치동 은마 주변

앞서 상권을 구분하면서 항아리 상권을 정의했다. 보통 신도시에서 많이 보이며 소비를 위한 외부 진출이 적고 외부에서 소비를 위한 진입도 많지 않은 지역으로, 주거지역의 편의시설과 생활 밀착형 업종들이 주를 이루는 상권이다. 보통 1층과 2층은 음식점, 3층 이상으로는 병원과 학원들이 공간을 채우는 상권을 항아리라고 했다.

지역을 개발하며 학교들이 들어오고 동네마다 좋은 학교를 구분하며 학군이 형성된다. 학원을 오가는 학생들로 1층 상가에 프랜차이즈가 들어오고 미용실, 안경점, 은행 같은 업종이 중심을 이루는 상권이다. 그렇다면 대한민국에서 항아리 상권의 구조를

대치동 은마 주변 지도

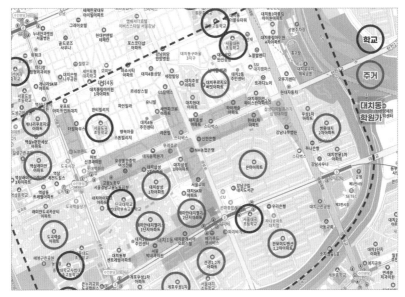

가지고 있는 가장 좋은 지역은 어디일까?

간판을 만들어 보여주는 구성과 소비가 이루어지는 모습을 생각하면 대표적인 한 곳이 생각난다. 지역 대부분은 주거지로 되어 있으며 업무시설의 비중이 낮고 생활형 소비가 대부분으로 돌아가는 상권 중 A급을 넘어 특급 항아리 상권은 '대치동'이다.

위 지도에 학교와 아파트를 표시하고 대치동의 메인 테마인 학원가만 구분해보았다. 이렇게 확인을 하니 지역이 가지고 있는 상권의 모습이 한눈에 들어온다.

지도에 보이는 2호선 테헤란로에 접해 있는 블록은 업무시설과 지역 먹자골목으로 이루어져 있다. 대로변 프라임급 빌딩에서 나오는 소비인구와 강남에서 업무를 하는 중소형 사무실과 빌라 형식의 주거가 혼재되어 있어 구성이 다른 모습을 보인다. 주황 점선으로 이루어진 안쪽을 보면 대로변을 중심으로 이루어진 상업시설군에 업무시설의 모습은 테헤란로 아래 블록부터 비중이 낮게 형성되어 있다. 결국 베드타운에서 이루어지는 상권의 모습과 흡사하게 소비되는 상권을 볼 수 있다.

대한민국에서 최고 수준의 학원이 밀집된 강남 8학군 최상위 입지이며 강남구 중심 주거지이자 많은 사람에게 최고 동네로 자리매김한 곳으로 항아리 상권 중 단연 1등 입지라고 말할 수 있다. 그리고 범위가 넓지 않고 멀지 않은 곳에 다양한 교통 인프라가 있어 그렇지 학원가 중심 사거리인 은마아파트입구 교차로를 중심으로 보면 강남구에서 교통 환경이 우수한 동네는 아니다.

그렇다고 강남구 대치동이 어떻게 항아리 상권이냐고 반문한다면 학원을 위해 유입되는 학생이 있는 것을 제외한다면 소비하러 대치동으로 오는 사람도 없고, 대부분의 소비가 생활밀착형 업종에서 만들어지고 있음에 돈이 돌아가는 성향을 보라고 이야기하겠다. 그 상권이 유명하고 높은 금액으로 이루어져 있는 것은 규모에 대한 부분으로 상권 구성과 건물 관리는 다른 부분이다.

대치동은 학원 임차수요가 많지만 모든 건물이 다 잘되는 것은 아니다. 그러나 안쪽 골목까지 크고 작은 학원들이 많은 공간을 채우고 있다. 만약 빌딩에 투자한다면 내 건물이 학원의 자리인지 주거밀집지역에 맞춘 상업시설이 들어올 자리인지 구분을 하고 들어와야 한다. 토지의 면적과 건물의 구조상 중소형 사옥으로 이면 골목의 부동산을 매입해 개발한다면 우수한 상권의 좋은 지역과 맞지 않는 상품으로 소비자(임차인)를 찾기 어려운 상황이 발생할 수 있는 것이다.

또 대로변 학원가 입지도 어디까지 간판이 이어지는지 확인한다면 현재 학원가 중심 사거리에서 대형 아파트 단지를 따라 확장되고 있다. 학교와 주변 편의시설이 촘촘하게 모여 있기에 자연스럽게 학생이 모여 있는 역삼동 아파트 단지로 퍼져가고 있는 흐름도 지역의 특색 중 하나로 보인다.

소비층이 주로 생활하는 입지가 확장성이 있는 것이지 지하철 역세권이고 유명 학교와 무조건 인접하게 흐르는 것은 아니다. 도로와 건물들의 구성에 따라 세부 사항들은 있으나 내가 빌딩에 투자한다면 더 안정적 소비력이 있는 입지는 대형 아파트와 인접한 지역인 것이다.

지역의 유명세가 아닌 소비가 만들어지는 모습으로 상권을 구분해야 한다.

송정동이라는 섬,
투자처로 어떨까?

상권 확장성

주소는 서울시 성동구 송정동, 위치는 성수동의 북단으로 중 랑천에 있는 동부간선도로를 끼고 있는 동네로 촘촘하게 이루어 진 주택가 블록이다. 5호선 장한평역과 중랑천 사이에 있는 토지 는 각종 폐기물 및 재활용품 집하장이 모여 있는 곳으로 상당부분 국유지로 이루어진 곳이 많다. 실제 직접 활용되는 위치는 중랑 천과 동일로 사이의 길게 이어진 공간이다.

워낙 알려지지 않았던 곳으로 많은 이들에게 익숙하기 어려운 지역이다. 필자가 기억하는 내용으로는 예전에 성수동 공장들이 많이 가동되던 시절 근로자들이 주거를 위해 거주했던 동네로 알 고 있다. 뚝방길을 따라 이어져 있는 송정제방 공원과 송정제방

송정동 지도(위)와 송정제방 설명(아래)

출처: 성동구 문화관광

길은 봄에는 벚꽃이 만개하고 가을에는 은행나무와 벚나무가 만들어주는 풍경에 걷고 싶은 거리로 선정된 명소다.

　편안한 자연환경과 조용하고 고즈넉한 분위기의 동네는 아직 개발의 손길이 닿지 않아 1980~1990년대 레트로한 분위기까지 최근 몇 년간 힙한 분위기의 핫플로 많이 소개되었다. 블록 가운데 8m 도로를 송정동 메인 길이라 호칭하며 여러 맛집을 소개하는 내용도 있었다.

레트로한 느낌의 거리와 공원과 산책로 그리고 인기 지역인 성수동과 인접하다는 이유로 새로운 부동산 투자처로 관심을 끌고 있는 곳이 송정동이다. 유명 배우와 가수가 송정동 빌딩에 투자했다며 "스타들이 찾는 송정동"이라는 문구로 투자가치를 설명하며 총 거래금액도 부담이 적어 "소액으로 투자가 가능한 투자처"라고 홍보가 되는 것을 어렵지 않게 접할 수 있었다.

그렇다. 송정동은 동부간선도로와도 인접해 차량 접근성이 좋고 조용한 동네다. 군자역에 가까운 송정동은 모아타운 등 재개발 이슈도 있어 호재도 함께하고 있다. 그렇다면 빌딩 투자에 적합한 것인가? 결론은 아니다.

우선 소비력이 발생하지 않는 장소다. 투자한다는 이유는 수익이 발생하거나 직접 활용의 가치가 있어야 한다. 그런데 위치를 보면 입지적으로 우수하게 느껴지나 실제 대중교통으로 접근하기 어려워 기본적으로 재방문이 쉽지 않다. 그리고 주차 여건이 어려울 뿐만 아니라 메인 길과 이어진 사이 골목들이 좁아 상권 확장이 어려운 구조다.

다음 페이지 사진을 보자. 송정동 메인 길과 이어진 옆 골목에서 다마스 차량이 나오고 있다. 스타렉스가 아닌 다마스 차량으로도 골목이 가득한 모습을 볼 수 있고 안쪽으로는 빼곡한 주택가들이 형성되어 있어 상권의 확장도 어렵다. 연남동 미로길과 비

송정동 로드뷰

출처: 카카오맵

숫한 구조라고 생각할 수도 있으나 연남동은 홍대입구역 트리플 역세권에 있다. 기본적으로 유동인구의 유입에서 비교할 수 없는 상권이다.

송정동 지도를 다시 한번 보면, 주변에 더블 역세권인 군자역과 건대입구역이 보이고 남쪽으로는 성수역과 인접한 모습을 보인다. 그러나 현장을 걸어보면 가장 가까운 어린이대공원역도 최소 10분은 걸어야 하고, 성수역은 15분은 걸어가야 도착할 수 있는 교통의 불모지에 가깝다. 즉 지속적인 소비를 만들어내기에 어려움이 있는 곳으로 인근 지역과 단절된 섬이라 생각이 된다.

또 수년간 홍보가 이루어지고 유튜브 등 여러 영상이 만들어 졌음에도 불구하고 메인 골목에도 간판들이 이어져서 보이지 않는다. 유명 상권처럼 3층 이상으로 상업시설이 들어오지는 않더라도 1층 간판들은 핫플이라는 표현에 어울리게 이루어져야 함에도 그렇게 이루어지지 않는 건 소비력이 생기지 않았기 때문이다. 이것은 프랜차이즈 간판이 보이지 않는 것으로도 증명할 수 있다. 점포개발 담당자들이 검토하는 정보의 양과 내용은 일반적인 수준이 아니기 때문이다.

그럼에도 빌딩 투자에 있어 송정동의 장점은 총액이 크지 않아 소액으로도 시작할 수 있다는 것이라 이야기하는데 필자는 이것이 왜 장점인지 전혀 공감되질 않는다. 왜 실속을 찾을 수 없는데 내가 가진 돈으로 살 수 있으며 포장지가 좋아 보인다는 이유로 구매를 하는지 납득이 되질 않는다.

실거래가 앱에 들어가서 확인하면 평단가 7천만~8천만 원 정도에 거래된 사례가 여러 건 보인다. 총액이 가벼운 것이 아니라 단가가 저렴해야 우수한 매물인데, 이 단가가 1억 원을 넘어서고 추가로 더 상향 가능한지 의문이다. 총액이 낮은 원인도 작게 나누어진 대지가 40평 전후가 많아 생긴 착시 현상이다. 거래 물건에는 신축인 건물도 있고 그 안에서 우수한 입지도 있어 정확한 내용까지 모든 걸 알 수는 없으나 최소한 다른 지역들과 비교해보면 저렴한 동네는 아니다. 강남과 인접하고 여유롭게 직접 사용할 공간을 찾는 것이 아니라면 투자처로는 적합하지 않은 것으로 보인다.

상권 더하기: 송정동이 가지고 있는 힘

대중교통으로 가기 멀고 주차도 쉽지 않아 재방문율이 떨어진다고 송정동의 위치가 나쁘다는 이야기가 아니다. 성수동이 가지고 있는 강남과의 인접성 그리고 강변북로와 동부간선도로 등 다른 지역으로 이동하기 위한 도로 여건도 좋고 주변의 인구 밀도도 높아, 필요한 사람을 모으는 특색있는 거리로 만들면 오히려 더 장기적인 힘을 갖춘 상권이 될 수 있다. 2020년에 시작되어 진행되고 있는 '1유로 프로젝트'가 좋은 사례라고 생각된다.

1유로 프로젝트는 도시재생사업의 일환으로 수년간 비어있던 코끼리 빌라를 3년간 1유로에 임대해 소상공인들에게 공간을 제공하고 상생과 협업을 만들어내는 사업이다. 보통 지방에서 상권이 몰락한 지역을 중심으로 진행하며 3년 임대기간이 종료되면 빌딩을 온전히 돌려받는 방식이다. 낙후된 공간을 활용하여 새로운 온기를 돌게 한 다음 돌려받으니 소유주도 건물의 활용성이 생기고 임차인도 월세 부담 없이 새로운 사업 시도가 가능한 시스템

『서울신문

서울 한복판에 임대료 없는 상가가 있다…'선의로 돈 벌자'는 도시 재생 실험, 한국판 '1유로 프로젝트'

입력 : 2023-03-19 19:06 | 수정 : 2023-03-21 09:57

▲ 15일 서울 성동구 송정동에 위치한 '1유로 프로젝트'가 영업을 하고 있는 가운데 건물 외벽에 프로젝트명이 적혀있다.
곽소영 기자

출처 : <서울신문> 2023년, 3월 19일자

이다.

그런데 이런 조건으로 서울 중심부의 송정동이라는 입지에서 트렌디한 젊은 사업가들이 모여 새로운 문화 공간을 만든다면 어떨까? 사람들의 유입이 늘어나고 주변 상권도 활기를 되찾을 수 있을 것이다. 1유로 프로젝트야말로 송정동이 가지고 있는 장점을 가장 잘 살리는 방법이 되리라 생각된다.

왜 송정동이 1유로 프로젝트와 어울리는 것일까? 바로 '낙후된 동네'이기 때문이다. 앞서 이야기했듯 송정동은 직접적인 대중교통의 부재와 부족한 주차 공간 그리고 작게 쪼개진 필지 사이의 좁은 골목까지 소비를 즐기기 위한 여건이 아쉬운 곳이다. 활성화하려면 필요에 의한 방문을 만들어야 한다.

임대료가 없으므로 재료나 가격에서 경쟁력이 있을 것이고 이 경쟁력은 사람을 끌어당기는 힘을 가지게 된다. 그렇게 방문의 불편함이 상쇄되고 명확한 목적이 발생하기에 찾아갈 이유가 생기는 것이다. 얼마나 가능할지 알 수는 없으나 이런 현상이 확산된다면 꾸준한 상권으로 나아갈 수 있게 될 것이다.

이것을 투자의 관점으로 생각한다면 지금의 단가는 적합하지 않다. 평단가 8천만 원 수준이라면 임대면적당 비용으로 임차인이 경쟁력을 갖춘 매장이 되기 어렵기 때문이다. 사람이 늘어나도 폭발적인 유동인구로 확장되기에는 어려움이 있어 높은 임대료 지불에는 한계가 있을 것이기에 경쟁력 있는 가격의 임차료가 적합한 시장으로 판단된다. 물론 중장기적으로 생각한다면 직접 사용하기 위한 오너테넌트가 고려하기 좋은 입지인 것은 분명해 보인다.

청담동처럼 고급 시장으로 고가 매장을 운영하는 것도 아니고 폭발적인 유동인구를 소화할 환경을 갖춘 것이 아니기에 우수한 유명 상권으로 변화가 어려운 것이지 송정동만의 장점을 적합하게 활용한다면 충분히 자신만의 색깔을 가진 상권으로 성장할 수 있을 것이다.

상권의 원동력과
빌딩의 상품성

힘을 가진 관습과
빠르게 퍼지는 SNS
투자 본질의 기준

관습이 필요하다

부동산에서 소비가 이루어지는 상권이 되기 위한 조건은 여러 가지가 있다. 편리한 교통이 있는 위치, 유동 인구가 많은 지역, 유명한 관광지가 있거나 극장 및 쇼핑시설 등 구경거리 등 다양한 이벤트와 상점이 모여 있어야 상권의 역할을 하게 된다. 시대가 변하면서 기존의 상권에서 영역이 더 넓어지고 젠트리피케이션으로 인해 테마를 주도하던 사람들이 떠나며 인근 동네로 옮겨가기도 한다.

하지만 20세기에서 21세기로 넘어와 20년이 넘게 흘렀음에도 사람들이 항상 만나던 지역에서 다시 약속을 잡는 모습들이 있다. 이미 자리하고 있는 상권의 기득권도 있다고 느껴지는 것이 새롭게 동력을 얻기 위해 준비하기보다는 만들어진 동력에서 변화를 주는 것이 더 수월하기 때문으로 판단된다.

이대나 동대문처럼 그 지역에 가서 소비해야 하는 이유가 사라지거나 1990년대에 있었던 남산 드라이브 코스에 개인 차량 진입을 막아 이용할 수 없게 되는 것이 아니라면 선배가 후배와 약속을 잡고 후배가 선배가 되어서 후배와 약속을 잡게 되면서 같은 지역에서 모임이 이어지게 된다. 그리고 이렇게 이어지는 행동들이 오랫동안 지켜 내려와 구성원들에게 관행이나 습관처럼 굳어지는 관습이 되어 간다.

신도시가 생겨 새로운 상권이 발생해도 직장에 출근하고 지인들과 약속을 잡을 때면 "그때 거기서 보자!" "오랜만에 거기에 가자!"라며 자연스럽게 대화를 하곤 한다. 사람이 모임을 하고 먹고 즐기는 장소는 세대가 변해도 유사하게 진행되는 지역이 안정 상권이 된다. 스티커 사진이 인생네컷이 되고 조이스틱 오락실이 인형 뽑기가 되듯 매장은 달라져도 소비를 위해 모이는 장소는 서로 주거니 받거니 돌더라도 유지가 되는 것이 일반적이다.

권토중래라는 사자성어처럼 어려움이 발생해 상권이 몰락하는 듯 보여도 부동산은 기존의 힘을 다시 추슬러 다시금 활력을 되찾아오곤 한다. 그리고 사람들은 관성이 생긴 듯 돌아와 소비를 이어나간다. 이것은 유명 상권인 지역에만 있는 것이 아니고 우리 동네에 있는 어떤 건물에서도 이루어지고 있는 현상이다. 빌딩에 투자한다면 이렇게 지갑이 열리는 상권이나 입지를 보고 투자를 하는 것이 옳다. 그리고 상권이 가지고 있는 속성을 읽을 수 있다면 추가로 관습을 만들 수 있는 자리를 보거나 적합한 테마를 입힐 수 있게 되는 것이 수익용 부동산의 투자 방법이다.

나는 빌딩에 투자하는 건물주이지 직접 매장을 운영하고 영업하는 사람이 아니더라도 소비자인 임차인이 원하는 자리와 구조를 안다면 자연스럽게 빌딩을 보는 안목이 생기는 것이다. 주민들이 주로 이동하는 골목 코너에는 파리바게뜨가 입점해 있고 편의점은 대형 건물 앞쪽보다 뒷문 골목에 있는 게 왜 수익성이 더 좋은지 임차인들의 내용을 알아야 빌딩 수익을 극대화할 수 있는 것이다. 오랜 시간 다양한 정비사업과 신도시가 생겨나도 개발의 포인트는 서울과의 접근성이고 강남, 종로와 연결되는 교통 인프라다. 소비하기 위해 강남으로 넘어오는 것이다. 그리고 아직까지도 종로는 중심 입지이고 앞으로도 변함이 없을 것으로 생각된다.

똑똑한 한 채의 빌딩을 구매한다면 이렇게 오래된 관습처럼 기본적인 힘을 가지고 있는 입지에서 탄탄하게 운영되는 매물을 찾아야 한다. 서울이 아닌 도시에서도 이렇게 중심이 되는 위치가 있을 것이다. 행정의 중심이고 지역사회에서 경제, 업무가 밀집되어 있는 입지가 어떤 자리인지 먼저 찾아보고 자리에 알맞은 임차업체로 디자인을 한다면 그것이 빌딩 투자의 성공사례가 되는 것이다.

> **지역적으로 가지고 있는 본질적인 입지의 힘이
> 곧 부동산의 가치다.**

SNS는 이동한다

세월이 흐름에 따라 많은 것이 개발되고 성장하면서 우리는 바르게 변화하는 시대 속에서 살아가고 있다. 이러한 변화는 일상과 생활 방식을 바꿔주고 나아가 소비의 패턴까지 새롭게 만들어주는 현상을 만들고 있다.

너무도 빠르게 전파되는 정보와 다양한 경험담까지 새롭게 생겨나는 신흥 상권들과 트렌드에 나만 뒤처지는 건 아닌지 투자를 생각하고 결심한 사람들의 조급한 마음까지 느껴지는 경우가 있다. TV 프로그램에 소개되면 명소가 되고 유명한 사람이 가서 먹으면 어느 날 갑자기 맛집이 되어 줄을 서서 먹어야 하는 상황을 심심치 않게 경험한다. 이런 시대에서 안정적인 부동산 투자를 어떻게 해야 하는지 문의하는 사람이 많다.

우선 빠르게 올라오는 신흥 상권에 흔들리면 안 된다. 야수의 심장을 가지고 빠른 단타를 계획하고 있다고? 그럼 이슈가 생기려 하는 시점에 들어가 뜨겁게 달아오른 타이밍에 맞춰 매각을 마무리한다면 최상의 조건을 만들 수 있을 것이다.

하지만 아무리 전문가라 해도 시장의 타이밍을 예측하고 움직일 수 없다는 건 모두가 알고 있는 사실이기에 해당 부동산이 가지고 있는 소비력을 분석하고 들어가야 한다. 부동산 투자에 있어 사회적 흥미는 뜨거운 냄비와 같다. 식기 전에 가져와야 하기도 하지만 장시간 운영을 해야 하기에 내 것으로 가져오기에 적합하지 않은 높은 온도일 수도 있고 생각보다 빠르게 식는 경우도 있다. 이 빌딩이 얼마에 팔렸고 젊은 사람이 모여드는 장소이고 인스타 사진을 찍기 위해 방문을 한다는 수식어보다는 상권에서 이루어지고 있는 유동인구의 숫자가 많은지 또는 유동인구의 소비력이 높은지를 검토해야 내 빌딩의 용도를 알 수 있다. 마지막으로 재방문율로 이어질 수 있는지를 판단해야 한다.

Quantity, Quality, Revist, 3가지가 가장 기초로 모든 수익용 부동산에 우선적으로 적용해야 하는 요소다. 아무리 유명한 곳이라 해도 저렴한 금액에 장시간 자리를 잡고 있는 매장이라면 수익성이 낮을 것이고 이것이 장기화되면 매장이 지속 운영되기 어려운 것이 당연한 결과이기 때문이다. 여기에 여러 매장에서 홍보를 위한 도구로 SNS를 활용하고 있기에 좋은 모습만 이야기되는 허수도 구분해야 할 필요가 있다.

강조하지만 빌딩은 수익용 투자재다. 나에게 얼마의 수입을 만들어주는지가 포인트인데 화려하게 보이는 인스타 사진으로 온라인이 도배되었다고 해도 이것이 실제 소비와 바로 연결될 수 있는 건 아니다. 수익용 부동산에 대한 필요 요소가 없이 단지 사진으로 예쁘기에 유명세가 생긴 상권은 다른 이슈가 생겨나고 재방문의 힘이 없다면 젊은 소비자들은 새로운 경험과 자신만의 취향을 반영해 빠르게 이동하고 있다.

모든 투자는 먼저 움직이는 것이 중요하나 내가 직접 사용할 건물이 아니라면 소비가 꾸준하게 이루어지는 상권의 기본적인 힘을 가졌는지 알아보고 투자를 실행해야 한다.

상권 더하기: 힙지로 상권의 미래가 밝은 이유

이슈가 된 상권이 SNS를 타고 확장되면서 유명해진 상권 중 필자가 가장 안정적이고 미래가 밝다고 생각되는 상권은 '힙지로'다. 을지로3가에 있는 공구상가와 기계업종들 사이에서 느껴지는 레트로 감성에 젊은 감각이 스며들며 뉴트로의 성지가 되었다.

힙지로 상권

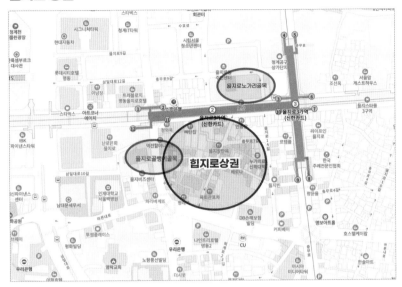

　힙지로는 을지로 노가리 골목에서 시작해서 을지로 골뱅이 골목까지를 말한다. 현재는 을지로3가역 남쪽을 중심 상권으로 보고 있다. 독일 맥주 축제 '옥토버페스트'를 한국에 옮겨 놓은 것 같은 만선호프 야외 테이블이 골목을 빼곡히 채우는 장관에 여러 사람이 찾으며 유명해졌다. 여기에 상권이 확장되어 2호선 을지로3가역 남단에 줄을 서서 먹는 맛집들이 공격적으로 들어와 현재의 힙지로가 되었다. 붐비는 유동인구로 저녁 시간이면 많은 사람에 골목을 지나기가 어려울 정도로 상권이 발달했다.

　유동인구가 유입된 과정을 보면 새롭게 핫플로 성장한 다른 상권들과 유사한 과정으로 보일 수도 있다. 다만 차이가 있다면 이곳은 오래전부터 골목골목 숨겨진 맛집들이 자리하던 꾸준한 상권이었고, 그 소비력의 중심은 종로의 중심업무지구(CBD)에 종사하는 직장인들이 받쳐주고 있었다는 점이다.

힙지로는 종로다. 필자의 표현대로라면 종로의 서브 상권이다. 눈이 오나 비가 오나 출근을 하고 소비해야 하는 직장인 상권이며, 2호선과 3호선 더블 역세권에 명동성당 방향으로 나가면 광역버스가 새벽까지 다녀 대중교통을 이용한 접근성도 우수한 지역이다. 하지만 그렇다고 지금의 유동인구가 꾸준히 지속될 것인가? 다른 상권의 불안함도 지속력을 갖추지 못해 발생하였는데 대형 오피스 건물이 밀집된 블록과 거리도 있고 사무실 인근에도 맛집은 충분하여 불안하다는 생각을 할 수도 있을 것이다.

힙지로 상권과 소비가 지속되는 이유에 대한 해답은 을지로 3가 도시환경정비구역에 있다. 대형 오피스 건물로 개발이 예정된 지역이라는 점이다. 물론 부동산 금융이 어려운 시기로 PF의 어려움 등 세부 상황의 문제는 있다. 하지만 진행 중인 3개 지구(1~2지구, 6지구, 12지구)에 연면적 1만 평이 넘는 건물이 2026~2027년 사이에 준공을 목표로 하고 있다. 일부 일정이 변경되고 건물 규모가 바뀐다고 해도 대형 업무용 건물이 들어오는 것은 달라지지 않는다. 그리고 이곳은 대기업에서 선호하는 지역으로 임대도 무난하게 진행될 것으로 예상된다.

을지로3가 도시환경정비구역

출처: 서울시중구청

    강한 소비력으로 꾸준히 상권을 지탱해주는 사람은 직장인이다. 다음 개발 예정으로 10지구가 이야기되고 우리가 추억하는 만선호프가 현재 위치에서 사라지더라도, 힙지로가 앞으로 꾸준하게 유지되는 지속력을 가질 것으로 생각되는 이유다.

고소득자가
모여 있는 곳으로 가라

고급 주거가 받쳐주는 상권

작지만 강한 상권을 찾는 방식 중 하나는 고소득자가 많은 지역을 찾는 것이다. 입지적으로 내재된 인구의 소득이 많은 상권은 작아도 가지고 있는 힘이 있다. 그중 가장 대표적인 사례가 압구정동이라 할 수 있다. 실제 상권은 법정동으로 신사동과 청담동이나 압구정동 상권이라 불리는 이유도 부유한 주거지인 압구정동 아파트가 중심이기 때문이다. 압구정동 상권은 외부 유입도 충분한 지역의 유명 상권으로 인근 유명하진 않아도 부유한 지역의 상권을 비교해보자.

강남권에서 청담동만큼이나 부유한 동네는 서래마을이 있다. 유명 연예인이 주거하는 모습으로 미디어에서 이야기가 많이 나오는 곳으로 이미 오래전부터 수십억을 넘나드는 고급 빌라들이 많은 지역이다. 서래마을 카페 골목이 메인 상권으로 대로와 이면에 높은 단가의 식당들이 자리하고 있으며 로드뷰로 보더라도 공실이 몇 개 보이지 않는다.

교통도 불편한 상권이 공실 없이 운영되는 이유는 고소득층과 외국인이 많이 거주하는 지역으로 높은 소비력이 뒷받침되기 때문이다. 안정적인 수요가 있어 고급스러운 카페와 레스토랑에서는 꾸준한 고객층 확보가 가능하고 프랑스 학교와 외국인 거주자들이 많아 이국적인 문화가 공존하며 만들어진 다양한 문화의 경쟁력 있는 콘셉트를 가진 서래마을만의 상점이 있기 때문이다. 이런 입지는 단단하게 만들어진 상권으로 인근에 잘 알려지지 않은 유사한 상권을 하나 더 확인해보자.

서울 토박이도 잘 모르는 지역일 수 있는 삼호가든 사거리 안쪽 상권이다. 강남고속터미널과 교대역 사이에 위치한다. 다음 페이지의 로드뷰 이미지도 2022년 10월 촬영으로 1년 반 정도 촬영이 없을 정도로 유명세는 없는 지역이다. 그런데 사진을 보면 모든 층에 간판이 가득한 것을 볼 수 있다. 또 안쪽 골목에도 공실은 거의 찾아보기 어려운 모습이다.

고소득자가 많은 주거지로 국민평형이라 불리는 84타입 아파트 매매 가격이 구축 25억 원, 신축 30억 원 수준이며 어학원과 학원 중심의 임차수요가 풍부하다. 대치동과 압구정에 비해 규모

삼호가든 사거리 안쪽 교차로 전경

가 작기는 하나 서초구에 있는 학생들은 대치동이나 삼호가든 사거리 학원가를 선택할 정도로 학생수가 충분하고 학업 성취도까지 높은 수준으로 유지되는 지역이다.

유명하거나 이슈는 적은 지역으로 매수세가 약한 부분은 향후 환금성에서 단점일 수도 있다. 하지만 기본적으로 탄탄한 임차수요가 높은 단가의 상품도 가능한 입지라면 밸류에드로 수익률도 높이고 안정적 임차도 가능한 상권이 되는 것이다.

서래마을 카페 골목과 삼호가든 사거리에 관해 이야기하는 이유는 따로 있다. 서울이 아니어도 대구 수성구, 부산 해운대 등 고소득 주거가 만들어 놓은 작고 탄탄한 상권들은 있을 것이다.

내가 빌딩을 매입한다면 지역별 특성에 맞게 구분하고 적절한 건물 운영 전략을 세우기 위해 지역적 특성을 잡으면 나에게 맞고 나에게 적합한 콘셉트의 빌딩을 찾는 검토 방식이 될 것이다.

> **고급 주거지에 있는 조용한 상권이 가진 묵직한 안정성을 활용하라.**

강남 부동산의 미래가 밝은 이유

강남 부동산 불패 신화는 언제까지 이어질 것일까? 빌딩 투자의 1순위로 손꼽히는 강남의 미래에 관한 관심과 궁금증은 항상 나온다. 우수한 상권이며 모든 것을 다 가지고 있는 종합선물세트 부동산이 강남이다.

강남구 부동산이 좋은 이유는 말하면 입이 아프다고 할 정도로 누구나 다 아는 당연한 이야기다. 부동산에서 필요한 모든 것을 갖춘 완벽한 상품이기 때문이다. 우선 경제와 비즈니스 중심지로 개발된 테헤란로는 개발 초기부터 상업과 비즈니스 중심지로 성장시키기 위해 계획하에 만들어졌다. 1960~1970년에 이루

테헤란로 중심으로 이루어진 일반상업지역

어진 강남구 도시개발 계획부터 비즈니스 중심으로 설계가 되었으며 1980년에 들어서며 상업지역 개발이 본격화되었다. 삼성, 엘지, 현대 등 굵직한 대기업들이 함께 하면서 명실상부 경제 중심지로 발전했고, 자연스럽게 업무시설군이 형성되며 이면 골목까지 기업들이 모여들게 된다.

강남구의 지도를 지적도로 변경해서 확인한다면 강남역에서 삼성역으로 이어지는 테헤란로가 일반상업지역으로 되어 있는 것을 볼 수 있다. 기본적인 도시의 개발 방향은 지도를 넓게 지적도로 본다면 알 수가 있다. (내가 투자하고 싶은 도시를 지적도로 보는 연습도 필요하다.)

여기에 광대로를 기준으로 구분하면 된다. 강남구의 광대로변은 테헤란로, 강남대로, 도산대로, 영동대로 이렇게 4개로 되어 있으며 광대로변을 중심으로 대기업들이 자리하고 이면으로 유명 먹자 상권들이 있다. 그리고 광대로변의 안쪽 블록은 중소기업 업무시설과 주거시설이 혼재되어 있으며, 광대로 바깥으로는 전형적인 고급 주거지역으로 되어 있는 곳이 강남구다.

실제 강남구의 개발은 1960년대 이후 서울의 인구가 급증하며 새로운 주거지역을 위해 수립된 곳으로 대규모 주거 단지의 개발이 시작이었다. 사람들이 모여 살기 위해 학교가 세워지고 1974년 도입된 '주거지 이전에 따른 학교 배정' 제도가 생기면서 강남구의 교육환경은 더욱 발전하게 된다. 심지어 종로구와 중구에 있는 경기고등학교, 휘문고등학교, 숙명여자고등학교 등이 1976년과 1977년에 강남구로 이전을 하면서 강남 교육 인프라가 확충되며 8학군이라는 상권이 형성하게 된다. 한국에서 아이를 키우기 가장 좋은 동네 한국에서 회사에 다니기 가장 좋은 동네가 강남구가 된 것이다.

이렇게 한 구 안에서도 주거지역과 업무 및 상업 시설의 구분이 명확하고 직주 거리가 매우 뛰어난 동네로 고소득 인구의 선호도가 높아지며 환경도 좋아지는 부자 동네로 성장하게 된다. 압구정 오렌지족이 나오던 1990년대부터 패션의 중심도 명동이 아닌 압구정로데오로 변했으며, 갤러리아 명품관부터 시작되는 청담동 명품거리는 우리나라에서 가장 단가가 높은 상권이 되었다. 많은 사람이 찾지는 않아도 내재된 인구로 자생이 가능하고 압구정, 강남역, 코엑스처럼 외부 인구를 유입하는 유명 상권도 자리하고 있다. 이렇게 주거와 경제 그리고 상권까지 모두 갖추었으며 하나의 구 안에 광대로를 따라 구분되어 섞이지 않은 지역이 강남구다.

이렇게 강남구가 가지고 있는 장점은 4개의 광대로변과 고급 주거가 섞이지 않았다는 것으로 이 기준은 강남구 투자에서도 매우 중요하게 적용되고 있다. 중소기업을 포함 업무시설군은 도산대로, 강남대로, 영동대로, 테헤란로 4개의 광대로변 안쪽으로 집중되어 있고 바깥쪽 블록으로 바로 이면 골목까지만 업무시설이 안정적으로 운영되는 모습을 보인다. 여기에 지하철의 이동이 용이하지 않은 블록은 강남에서는 상대적으로 약한 업무시설 상권을 형성하고 있으며 이 광대로 네모의 바깥 블록으로 유명한 강남의 아파트와 고급 주거시설이 집중되어 있다.

중소형 사무실의 빌딩에 투자한다면 가능하면 이 안쪽으로 들어오는 것이 좋으며 바깥 블록은 어디까지 사무실 임차가 이어지는지 확인을 하고 들어가야 하는 것이다. 다세대·다가구 빌라들만 밀집된 바깥쪽 블록 골목은 내가 투자한 건물이 가지고 있는 힘이 좋아야 하는데 실제 이면 골목의 토지는 이 정도의 힘을 발휘하기 어려운 면적으로 되어 있기에 현재 이루어진 위치가 더욱 중요한 것이다.

이렇듯 강남은 우선 8학군과 함께 전국에서 가장 인기가 좋은 대치동 학원가가 있고 청담동, 압구정동, 도곡동 등 고급 주거지가 분포되어 있다. 여기에 유명 먹자 상권인 강남역, 신사역, 압구정로데오가 있으며 청담동 명품거리는 대한민국 명품 쇼핑의 중심이다. 또 테헤란로, 강남대로, 도산대로 광대로변으로 업무 시설군이 형성되어 있다. 그리고 선정릉과 봉은사가 있어 녹지 시설도 인접하고 한강부터 탄천으로 이어지는 물길에는 자전거, 달리기, 산책을 즐기기 위한 자연환경도 함께하고 있다.

교통의 중심이 될 삼성역 복합환승센터와 행정구역상 송파구이기는 하나 탄천만 건너면 있는 종합운동장 MICE 개발 호재까지 비즈니스, 문화, 정부 정책까지 모든 것이 강남으로 향하고 있다. 대한민국 사람이 가장 필요로 하고 좋아하는 모든 것이 다 있는 지역이 강남구에 밀집되어 있는 상황에 추가적인 호재가 하나 더 있다.

세계화 시대에 살고 있는 지금 강남 상업용 부동산 시장이 더 발전하고 미래가 밝은 이유는 이제 대한민국의 강남을 넘어 글로벌 강남이 되었다는 것이 가장 큰 이유다. 강남구는 그동안 국내에서 문화와 경제의 중심지로 입지를 다져오면서 이러한 내용을 바탕으로 국제적인 무대에서도 두각을 나타내고 있었다. 이는 세계 각국의 우수한 투자자들과 기업들이 강남에 관심을 보이고 있기 때문이다. 대표적으로 테헤란로에 들어온 구글 코리아와 페이스북 코리아가 있으며 삼성동에 있는 애플 코리아 본사를 비롯 나이키 코리아 등 해외 기업들이 매력을 느끼고 강남구를 거점으로 삼는 것이 강남구가 글로벌 비즈니스 허브로 자리매김과 함께 상업용 부동산의 확장성을 증명해주고 있다.

강남이라는 브랜드는 이미 우리나라에 국한되는 지역이 아닌 글로벌 강남의 입지를 다지고 있기에 한국의 대기업에서 멈추는 것이 아닌 세계적인 기업들 그리고 관련 기업들까지 함께하는 지역인 것이고 이 기업들과 함께하는 업체들이 있기에 한국을 넘어서는 경제지구가 된 것이다. 그리고 상권을 유지하는 소비력의 원천이 내재된 주거인구와 직장인으로 자생할 수 있기에 강남구의 상권 역시 흔들림 없이 성장한다는 예측의 바탕이 되는 것이다. 또 이렇게 활발한 지역에 외부 유입도 꾸준히 발생하는 것은 당연한 현상이다.

여기서 상권이라는 내용으로 다시 들어가면 소비하기 위한 공간으로 많은 사람이 모이는 곳이다. 그중 가장 단단한 힘을 가진 공간이 일부러 가지 않아도 괜찮은 상권이다. 즉 업무특화지역인 것이다. 흔히 부르는 넥타이 부대들이 모여 있는 공간의 소비력은 최상위 수준으로 가장 기본적인 구역은 CBD(Central Business District), YBD(Yeouido Business District), GBD(Gangnam Business District) 세 지역군으로 정부 부처와 대기업 본사가 모여 있는 종로, 대한민국 금융의 중심지 여의도 그리고 업무·주거·상업이 잘 어우러진 강남이다.

유명 상권이 함께 있기도 하나 실제 직장인 상대 점심 상권과 저녁 모임이 꾸준한 지역임은 설명을 하지 않더라도 실생활로 알고 있는 내용이다. 대기업들이 모여 있고 고소득의 직장인이 밀집해 우량 소비를 보유한 요충지이며 강남구도 이 세 곳 중 하나이고 현재도 성장하고 있으며 세계화로 외국 기업의 한국본사가 들어오고 있는 글로벌 입지인 것이다.

건물의 경쟁력을 올리는 강남

그렇다고 강남의 모든 상업용 빌딩이 무조건 좋은 것만은 아니다. 수익률 4%가 깨지고 3%에서 코로나19가 끝나갈 2021년에 정도에는 2% 수익률에도 꼬마빌딩 열풍을 타고 거래가 되었다. 강남은 시세차익이 발생한다는 논리에서였다. 금리도 역대 최저 수준으로 진행되어 최소한의 자본금만 넣으면 가능했기에 더 많은 매수세가 만들어졌다.

하지만 한편에서는 "강남 빌딩은 트로피와 같다."라는 표현도 함께 있었다. 트로피는 상징성과 명예는 주어지나 금전적 이득은 없는 것처럼 강남 빌딩도 비슷한 상황이라는 우스갯소리까지 나왔다. 그럼에도 꼬마빌딩 투자 열풍이 강하게 불며 매수세는 지속되었고 그 결과로 2023년부터 생각보다 많은 중소형 사옥 통임대 공실이 보였다.

같은 강남이라 해도 입지에 따라 상품성이 낮은 건물도 있는데 코로나19 전후로 급등한 빌딩 거래 금액이 입지와 활용성보다는 '강남이니까 괜찮아.'라는 막연한 생각도 만들어주며 생긴 결과다. 아무리 강남이라 해도 2% 정도 수익률에 임차인 구성을 바꿔 건물 가치를 올릴 수 있는 것이 아니라면 시세차익을 만들기란 매우 어려운 조건이다.

심지어 강남의 주거 블록 이면의 이면 건물은 근린생활시설 개발로 더 조심해야 하는 매물들이다. 취득세 중과로 모든 주택을 상가 건물로 만들어 부담을 줄이려 했는데 업무시설 포함 상권이 생기기 어려운 골목이라면 무조건적인 용도 변경은 독이 될 수도 있다. 실제 이렇게 공실인 건물들은 강남이라 해도 조심해야 한다.

고금리에 대한 후폭풍도 한동안 강남 빌딩 시장에 좋은 영향은 아닐 것으로 보인다. 금리의 변화는 당장 가장 시급한 문제가 될 수는 있어도 빌딩 거래를 위한 뼈대는 아니라 필자는 판단한다. 빌딩 투자의 기본이 되는 내용은 내 건물의 상품성과 가치 상승이지 이자가 저렴해서 진행한 투자는 자칫하면 건물 운영이 아닌 건물 보유의 문제가 될 수 있기에 본질적인 무게는 거래 금액 급상승의 후폭풍이다.

이런 부정적 현상으로 일부 강남의 건물들이 어려운 시간을 보내고 있지만 강남이라면 상대적 입지 여건이 나쁘다 해도 규모로 압도하거나 월등한 브랜드로 좋은 결과를 만들 수 있는 확률은 다른 지역보다 높을 것이다. 강남구 안에서 어려운 조건이나 입지에도 빌딩의 규모가 어느 정도 받쳐주는 상업지역이나 노선상업지역(상업지역과 일반주거가 섞인 토지)의 용적률로 건물의 효율성을 올려주면 경쟁력을 갖춘 빌딩이 될 수 있는 것이 강남 부동산이다. 또 규모와 달리 건물의 활용성을 높은 단가의 고급 매장으로 만들어도 가능한 것이 강남이다.

강남의 모든 입지에 어떤 업종이라도 다 잘되는 마법의 동네가 아니라 강남구라는 규모에 비해 부동산의 필요 요소들이 모두 들어와 있고 소비력도 최상위 수준이기에 간혹 입지에 맞지 않는 투자도 빠르게 적합한 상품으로 변화가 가능한 지역인 것이다. 부동산 투자를 하면 안 되는 죽어 있는 입지가 거의 없는 지역군이 강남구다.

회사를 가기 위해 강남으로 출근을 하고 아이를 교육하기 위해 강남에 살기를 원하는 지역이기에 당연히 최고급 시장이 자리한다. 여기서 파생되는 문화는 당연히 강한 전파력을 만들어 사람들을 끌어들인다. 자산이 있는 곳에 소비를 위한 문화가 집중되는 현상은 시장경제에서 지극히 당연한 움직임이라 할 수 있는 것이다.

주거 시장에서 똘똘한 한 채가 중요한 키워드로 아파트 투자자 사이에서 이야기되는 것처럼 똘똘한 부동산의 쏠림은 의심 없이 강남이다. 국내 대기업들이 몰려 있는 높은 수준의 직장과 최고 수준의 교육환경이 가능한 학군과 주거시설에 고급 상권과 글로벌 성장세까지 모든 것을 갖춘 최상위 품질의 완벽한 입지는 강남이 지금의 기준이고 앞으로도 강남만 가능할 것으로 예상된다.

> 글로벌 강남,
> 똘똘한 강남이 미래이고 중심이다.

커다란 이슈도
이슈일 뿐이다

문화적 안정성

우리나라는 견고해진 경제구조에 효율적이고 잘 발달된 대중교통 인프라까지 자리를 잡고 있어 완전히 새로운 상권이 생겨나기는 어려운 환경이라고 생각한다. 새로운 신도시에서 발생하는 항아리 형식의 상권은 꾸준히 개발되고 있어도 이것은 대규모 아파트 단지와 지역 주민들을 위한 상권이지 다른 지역 인구를 유입하는 상권이 될 수 없다. 동탄 호수공원도 수원 시민과 광교 신도시를 위한 상권이다. 휴식 공간과 상권이 잘 만들어져 있고 신분당선 개통으로 강남역과 지하철 40분이면 이동 가능해 접근성이 좋아졌음에도 외부 인구를 흡수해 소비를 만들어내는 상권이 아닌 것처럼 말이다.

교통 개발로 접근성이 좋아졌어도 대체 상권이 되기 어렵고 동일 교통을 사용하는 서울 내부의 홍대 상권과 연남동 상권에도 다름이 있다. 연트럴파크와 미로길이 있는 우수한 상권임에도 홍대가 없이 혼자 독립하기는 어렵다고 느껴지는 반면, 홍대 상권은 주변 새로운 상권이 없더라도 혼자서 독립 상권으로 유지가 가능하다. 실제 홍대 상권에서 젠트리피케이션으로 발전된 상권인 이유도 있지만 홍대를 중심으로 만들어진 상권이 받쳐주기에 더 활력이 있는 자리가 연남동 상권인 것이다. 호재가 있고 상권의 확장이 발생한다 해도 개발이 완성된 부동산의 성질 변화는 쉽지 않아서 외부 인구를 유입하기 어렵다. 지역 주민을 위해 개발된 상권이 아니라면 스스로 소비 문화를 만들어내기 어려운 것이 현실이다.

이렇게 부동산 개발과 독립 상권으로 개발되기 어려운 것이 사실이라면 성수동이 만들어낸 문화는 어떻게 바라볼 수 있을까? 앞서 이야기가 있었듯이 성수동은 준공업지역의 용적률과 강남과 인접했다는 것이 투자의 가장 큰 이유였다. 그리고 만들어진 팝업 스토어가 연무장길을 중심으로 확장되었고 엄청난 임대료를 생성하며 빌딩 가격들을 올려주고 있다는 것이다.

이렇게 빌딩 가격이 높아져만 가는 성수동 상권을 보며 2024년 상반기 유튜브나 여러 미디어에서 성수 팝업으로 인한 높은 임대료가 젠트리피케이션을 발생하고 과도한 경쟁으로 인해 상업공간의 과포화 발생이 우려되어 장기적인 영향에 부정적인 영향을 줄 수도 있다는 등 여러 내용이 함께하는 추상적 내용보다 상권의 지속력에 집중해서 생각해볼 필요가 있다.

과연 팝업 스토어는 지속력을 얼마나 가지고 있을까? 상권 분석을 하는 한 채널에서 팝업은 단기 임대이기 때문에 「상가건물 임대차보호법」에 적용받지 않아 월세 인상을 자유롭게 진행할 수 있다고 하는 이야기를 들었다. 법률상 맞는 이야기이나 필자는 여기서 단기 임대라는 단어가 더 중요하다고 생각된다.

말 그대로 단기 임대이고 이것은 흔히 부르는 '깔세'라는 임대 방식이다. 임대인과 임차인 모두 짧은 기간만 사용하고 임대계약을 종료할 수 있는 것으로 부동산 임대 수익의 안정성은 결여된 자유로운(?) 계약 방식이다. 상권이 활발하게 움직이는 기간에는 잘 느껴지지 않으나 한번 바람이 빠져나가면 짧은 기간으로 빠르게 식을 수 있는 것이 단기 임대이고 건물주에게는 양날의 검이 될 수도 있다.

팝업 스토어 시장이 확장된다면 연무장길 상권도 확장이 되는 것일까? 반대로 희석되는 것일까? 생각을 해본다면 다시 한번 성수동의 접근성을 찾아보게 되는 것이다. 또 어디가 팝업 스토어 1등 입지일까 생각해보면 압구정 갤러리아 백화점 맞은편 대로변 건물이라 생각이 된다.

갤러리아 백화점 맞은편

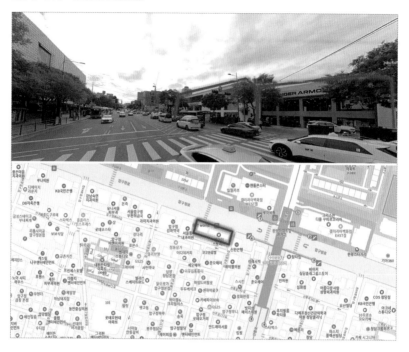

　　사진의 오른쪽 건물은 1990년대 맥도날드가 있던 건물로 현재 언더아머의 매장으로 2020년부터 사용되고 있고 왼쪽 건물은 리모델링과 증축을 진행한 이후 2011년부터 H&M이 사용하다 현재에는 H&M 그룹의 자매 브랜드인 앤아더스토리즈의 매장으로 활용되고 있는 건물이다. 오른쪽 건물은 유니클로에서 언더아머로 변경되는 중간에 공실 기간도 있었지만 2010년 이후 이 정도의 대로변 대형 매장이 10년 넘게 운영이 꾸준히 운영되고 있다

는 이유만으로 매장의 가치를 증명하는 것이다.

또 갤러리아 백화점과 마주하고 건물 뒤로는 압구정로데오 상권을 끼고 있으며 청담동과 압구정동을 이어주는 압구정로 6차선 대로변의 소비력을 생각한다면 브랜드 인지도 향상과 이미지 강화에 이보다 좋은 자리가 있을까 싶다. 이 외에도 특정 소비자들이 자연스럽게 모이는 상권에 팝업의 진행이 일부러 찾아와야 하는 장소보다 더 좋은 효과를 만들어주는 내용도 생각한다면 성수동이 팝업의 성지로 지속할 수 있는지 주시해야 할 것이다.

여기서 빌딩 투자를 생각하고 있다면 팝업 스토어와 플래그십 스토어의 차이는 알고 진행해야 한다. 다음 페이지에 정리했으니 참고하자.

대부분 구분하지 않고 비슷한 느낌에 유사한 공간으로 인지하고 있으나 플래그십 스토어는 장기적으로 운영되는 핵심지에 자리 잡는 매장이고 팝업 스토어는 단기간으로 이슈를 만들면서 이동하는 매장이다. 가장 많이 착각하는 곳이 디올 성수 매장으로 여기는 팝업 스토어가 아닌 플래그십 스토어로 다년계약이 진행되고 있다.

면적당 임대료를 본다면 당연히 팝업의 단가가 더 매력적으로 다가오겠지만 디올 성수라면 마다할 사람은 없지 않을까 생각된다. 꼭 디올 성수처럼 우량 임차인이 아니더라도 안정적인 브랜드가 장기간 좋은 가격으로 임대차 계약을 진행하는 것이 진정한

플래그십 스토어 vs. 팝업 스토어

플래그십 스토어	팝업 스토어
· 브랜드의 핵심 가치와 철학을 표현하는 대표 매장 · 고객들이 브랜드를 경험할 수 있게 해 고객 충성도를 높임 · 브랜드 전체 라인업을 제공해 한번에 다양한 경험 가능 · 언제든지 이용 가능한 설비를 갖추고 장기적으로 운영함 · 주로 대도시 중심부나 쇼핑 지구에 위치	· 새로운 시장에 진출하거나 브랜드 인시도를 높이는 홍보 수단 · 창의적이고 독특한 디자인으로 관심을 유발 · 특정 마케팅을 위해 한정판이나 독점 상품을 판매 · 장소에 구애받지 않고 임시로 설치되기도 함 · 보통 몇 주에서 몇 달 정도 일시적으로 운영됨

부동산 가치라 생각이 되고 향후 변화할 수 있는 시장도 대비할 수 있는 것이라 생각된다.

상권 더하기: 2024년 4월 압구정 상권 뉴스

성수동에 무신사와 함께 많이 거론되는 패션 브랜드인 젠틀몬스터가 압구정 상권인 도산공원 뒤쪽 골목 부동산을 2023년 11월 매입을 하고 2024년 3월에 붙어 있는 필지를 추가로 매입했다. 단가는 평당 2억 8천만 원이 넘는 금액으로 인근 최고가를 경신했다. 위치는 임대로 플래그십 스토어를 운영 중인 젠틀몬스터 하우스 도산과 불과 20m 정도 떨어진 곳으로 압구정 상권의 미래 가치를 높게 판단한 것으로 보인다.

플래그십 스토어 안에서 이벤트성 팝업을 진행하기도 하기에 향후 전용 매장으로 개발될 것으로 예상된다. 이렇게 높은 가격으로 투자해 전문 매장으로 활용된다면 인근으로 유입되는 인구는 더욱 늘어나고 건물들의 가치는 더 올라갈 것이다.

그저 필자가 오래된 전통의 상권을 좋아해서가 아니다. 압구정 상권은 팝업도 운영하는 플래그십 스토어에서 진행되는 경우가 대부분으로 기업들에서 잠깐 들어가는 상권이 아닌 장기간 운영을 하는 매장들이 자리하는 안정적인 상권이기 때문이다. 결국은 중심지로 결론은 소비력이 높은 장소로 모이게 되는 것이 유명 상권이 가지고 있는 지속력이라는 힘이다.

> 강하게 자리 잡은 문화에도
> 안정성이 필요하다.

고객이 어디에 머무르는지 확인하라

소비의 원동력

흐르는 골목에서는 지갑을 열지 않는다

사람들이 멈추지 않고 지나가기만 하는 거리나 지역이 있다. 유동인구는 많으나 체류하는 인구가 적은 상권이기도 하고 주거지에서 외부로 이동하는 인구가 대부분인 경우가 그렇다. 이런 상권을 '통행상권'이라고 명칭을 하고 부르기도 한다.

통행상권: 유동인구는 많이 있으나 해당 위치에 멈추지 않고 이동만 하는 지역으로 소비가 이루어지지 않음

눈에 보이는 유동인구는 풍부한데 멈추지 않고 지나가는 입지는 대중교통이나 차량을 이용 시 블록이나 지역구를 흘러가는 형태로 보이기도 하며 유명한 매장을 가기 위해 지나가는 골목들도 있다. 이동하는 중간에 식당이 없는 것도 아니고 일반적인 상가들이 자리하고 있음에도 이상하게 어떤 매장이 있었는지 기억도 잘 나지 않는 경우들이 많다.

대중교통을 이용해 하차하고 상권의 중심지로 이동하기 위해 목적지만 생각하고 걷기 때문에 의외로 지하철 출구 앞, 버스 정류장처럼 교통의 요지에 딱 붙어 있는 매장들은 자연스럽게 지나치는 경우들도 많다. 또는 소음이나 거부감을 조성하는 시설들이 있어 주변에 쾌적하지 못한 환경이 있는 경우도 빠르게 지나가려 하는 발걸음에, 멈추어 주변을 둘러보는 사람이 거의 없는 이유이기도 하다.

식당들이 이어져 있는 이면 골목에서 바로 꺾어져 들어가는 바로 뒤 건물인데도 1층 상가가 잘 채워지지 않는 경우가 있다. 안쪽으로 업무시설이 이어져 있어 유동인구도 있고 소비력도 있는데 이상하게 앞이나 뒤로 5분여 걸어가서 식사하곤 한다. 이런 골목은 사람들이 소비하지 않기에 1층 간판이 자주 바뀌기도 하고 상대적으로 가격 경쟁력이 있는 상품이 들어와 영업을 유지하는 경우가 많다.

이런 골목들의 모습 역시 간판을 통해 읽어 보면 쭉 이어지던 간판이 갑자기 줄어들거나 점심 시간에 이용하는 식당이라 해도 2천~3천 원(20~30%) 저렴하게 메뉴가 준비된 경우를 볼 수 있다. 임차인의 수익성이 낮으니 당연히 건물주의 임대료도 낮아지게 될 것이고 건물이 가치도 따라 이동하게 되는 것이다. 주변의 화려한 모습에 바로 옆 골목이라 해도, 사람들이 많이 보여도 이곳에 멈추지는 않는 경우들이다.

현장에서 체크를 하려면 보통 점심식사 시간이나 초저녁 모임을 시작하는 타이밍에 확인하기가 좋고 분주한 걸음 속에 우선적으로 사람들이 뭉치는 입지도 함께 보게 된다. 내가 투자를 하려는 빌딩이 멈추지 않는 골목이나 입지에 있는 걸 보았다면 빌딩의 투자를 멈추는 것이 좋다.

빌딩 매매가 많이 이루어져야 하는 중개업을 하고 있지만 이런 건물을 사람이 많은 위치에 있다는 것으로 주변 멈추는 입지의 단가와 동일하게 진행되는 것은 아니라고 생각한다. 물론 이런 경우 상대적으로 저렴한 경우도 있고 내가 매입해서 사람들의 발길을 멈추게 할 자신이 있다면 가격을 좀 더 흥정해 매입하는 것도 하나의 방법이다. 이런 방식이 필자가 이야기하는 오너테넌트 형식의 건물주가 빌딩을 매입하는 경우이고 중소형 사옥으로 많은 거래가 되는 사례이기도 하다.

반대로 내가 매각을 해야 하는 매도자라면 좋은 가격을 받기 위해 입점하는 업체에게 인테리어 기간 등의 추가 혜택을 제공해서라도 우량 임차인을 맞추거나 여건이 허락한다면 새롭게 신축해 유동인구가 많은 장점을 살릴 수 있는 건물로 매각을 해야 한다. 사람이 멈추지 않더라도 유동인구가 많이 있다는 내용은 부동산의 장점이니 눈에 보이는 상품으로 만들면 더 좋은 가격에 매각도 가능하기 때문이다.

참고로 어떤 입지는 아무리 고민해도 여러 가지 다양한 여건의 장점을 모아도 주변의 유동인구와 합쳐지는 부분이 없다면 필자는 우선 그 자리는 피하라고 말하고 싶다. 다른 사람이 안 했고 부동산이 오랜 시간 동일하게 흘러왔다면 그 자리는 안 되는 것이다. 이곳에 화려한 건물을 만들고 훌륭한 설계로 내부 공간도 잘 뽑는다고 부동산 자리가 바뀌는 게 아니다. 부동산이 위치한 자리가 우선되어야 건물의 효율성도 가치가 있는 것이다. 상품 개발 전문가가 아니라면 유사 사례로 비교 분석을 하는 방법이 더 훌륭한 방법이다.

> 지갑을 열어야 손님이고
> 눈으로 보고 지나가면 행인이다.

계속해서 간판을 읽어야 하는 이유

필자가 오랜 시간 빌딩 중개를 하며 상담을 하고 매물을 소개하면서 어떻게 하면 부동산 입지에 따른 활용성을 쉽게 전달할 수 있을까 고민을 하면서 찾은 방법이 간판을 통한 설명이었다. 현장에서 가서 상권과 건물의 수익성을 안내할 때 항상 하는 표현이 "여기 모여 있는 간판을 보시면~", "건물에 들어와 있는 임차인의 간판을 보면~"이었다. 그러다 보니 간판에 있는 업종과 밀집도를 가지고 설명을 하는 것을 알게 되어 간판을 보고 알 수 있는 기준을 잡게 되었다. 쉽게 볼 수 있는 간판을 이야기하기도 하지만 그 안의 내용은 임차인을 보는 것이 포인트다.

필자는 사무실 밀집 지역인 경우 건물 안에 있는 층별 안내판이나 우편함에 수신인이 회사인지 개인인지도 미리 체크하고서 현장 안내 시 해당 입지에 사무실들이 들어올 당위성을 설명하고 실제 주택처럼 보여도 옆 건물에 업무시설이 들어와 있음으로 확인이 들어가곤 했다.

상권은 특성에 따라 업종이 밀집되는 성향이 많이 있어 유사한 업종의 간판들이 자연스럽게 반복되는 경우가 많다. 예를 들어 음식점 간판이 밀집된 지역은 주변에 업무시설이 많거나 자연스레 모임의 장소로 활용되는 입지로 식당으로 수익이 발생하는 지역이다. 또 이렇게 식당이 모여 있는 골목은 안쪽이나 주변으로 회사의 간판은 보이지 않아도 사무실이 빼곡히 자리 잡고 있는 곳이다.

이런 내용들이 모여서 어느 정도의 소비력을 가지고 있는지 체크하면 한결 수월하게 주변 상권에 대한 정리가 되고 골목별 업종도 자연스럽게 분류되어 임대료 단가를 체크하게 된다. 더 나아가 지역적 특성도 간판을 통해 한눈에 볼 수 있어 어떤 소비자들을 끌어들이고 있는지 그리고 형성되어 있는 상권의 정체성도 간판을 통해 느낄 수 있다.

이런 간판들이 계속 이어지다가 끊어지는 곳이나 완전 다른 업종으로 변경되는 골목이 보이기 시작한다면 그때부터 골목에 따라 건물에 따라 달라지는 임차료를 분석하고 건물의 수익성을 알아보면 나의 눈에 자연스럽게 위치에 따른 경계선이 생기는 것이다.

간판은 임차업체들의 자기소개서로 솔직한 내용이 담긴 이력서다. 이 간판들이 모여서 형성하는 단체가 상권이고 그 상권에서 위치마다 가치가 모두 다른 것이 부동산이고 수익용 빌딩인 것이다. 매장마다 자신을 더 눈에 띄고 뽐내고자 간판을 크고 화려하게 만드는 것에 감사하며 간편하게 상권을 분석하면 된다. 프랜차이즈 및 체인점은 어떤 업체가 들어왔는지 소비자들이 오는 이유가 학원을 가려는지 회사에 출근하려는지 목적과 원인을 아는 것이 상권 분석을 위한 첫 단추이고 간판을 읽는 이유다.

간판을 읽으면
상권에서 이루어지는 소비의 원동력이 보인다.

부동산은
그 자리에서 성장한다

상권의 부동성

부동산 상품이 모두 들어있는 빌딩 중개를 메인으로 하면서 점점 더 다가가게 되는 이론이 토지의 자연적 특성이다. 부동산 공부를 시작한 사람은 모두 접해본 기본 성질 5가지다.

부동산의 기초 학문이기에 당연히 모든 상품에 적용이 가능하나 수익용 빌딩을 분석할 때는 특히나 부동성과 개별성의 기준 안에서 검토하는 경우가 많다.

개발이 완료된 부동산의 경우 도시계획에 따라 자리 잡게 되는 구조가 있다. 그리고 한번 형성된 지역의 가치와 활용성은 쉽게 변동되지 않는다. 새로운 옷을 입기 위해 흔들리는 경우는 있어도 안에 있는 구성이 달라지지 않기에 상권의 부동성이 성립되

부동산의 5가지 성질

부동성	토지는 이동하지 않는다. 부동산 활동은 지역에 제한된다.
부증성	토지는 생산이 불가능하며 절대량을 늘릴 수 없다 토지의 희소성이 지속되는 원인이 된다(양적 공급 제한).
영속성	토지는 소모되거나 파괴될 수 없다. 유용성이 영속적이다.
개별성	물리적으로 동일한 토지가 없다. 감정평가가 필요하며 개별 분석의 근거가 된다.
인접성	토지는 무한히 연속되고 다른 토지와 연결된다. 가격에 있어 인접지의 영향을 받고 지역분석의 근거가 된다.

는 것이다. 돈을 쓰기 위해 모이거나 돈을 쓸 수 있는 사람을 모아 놓은 장소가 상권이 되는 것이고 개발이 완료된 부동산의 성질은 거의 변하지 않는다. 심지어 높은 소득과 소비가 가능하게 개발된 곳이라면 더 단단하고 견고한 우량 상권이 되는 것이다.

교통이 개발된 사례를 생각해보면 광교 호수공원과 주변 상권은 훌륭하게 잘 꾸며졌음에도 신분당선이 개통하면서 광교의 상권이 살아나는 것이 아니라 강남역의 소비력이 더 강해지는 것을 들 수 있다. 또 용산 미군기지가 평택으로 이전하며 이태원 상권이 무너진다고 이야기들을 했으나 실제로는 엔데믹 이후 활기를 찾아가고 있는 것을 볼 수 있다.

이태원 상권이 가진 내구력

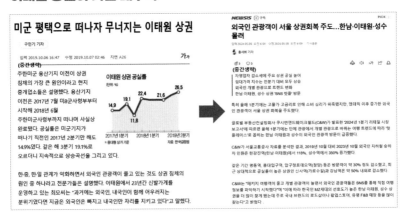

　　상권이 확장되면서 어떤 상권은 시대를 따라 변화하지 못해 무너진다고 하는데 개발이 완료된 부동산이 가지고 있는 특성은 쉽게 변하지 않고 다시 그 자리로 찾아가게 만드는 힘과 소비되는 방식이 쉽게 무너지지 않는 것이다. 한 자리에서 소비를 이끌어 내는 지역이 가진 내구력은 보기보다 단단하게 되어 있다.

　　도시개발을 하고 천지개벽을 하는 상황이 발생하지 않는다면 본질적인 소비력의 변화는 급변하지 않는다. 재래시장 상권에서 명품을 파는 게 가능한가? 그렇다면 명품거리에서 저렴한 제품을 가성비가 좋다고 판매한다면 거래가 될까? 그렇지 않다는 것이다. 강남역 상권에 점프밀라노 빌딩가 들어오면서 필자가 했던 이야기가 "비닐봉지를 주면 망한다."였다. 절대적인 내용은 아니겠으나 가성비 있는 소비가 많이 이루어지는 강남역 상권이라도 동대문처럼 비닐봉지를 들고 다니는 동네가 아니다. 단순히 동네의 급을 나누는 게 아니라 평상시 비닐봉지를 자주 사용하는 사람도 백화점에 비닐봉지를 들고 다니지 않듯이 작은 부분이지만 근본적으로 상권이 가지고 있는 특성이 있는 것이다.

이렇게 상권은 부동산이기에 그 자리에서 변화하고 성장하는 것이 기본 성질이 된다는 이야기다. 그리고 같은 상권 안에 있는 빌딩들도 접해 있는 골목에 따라 자리한 위치에 따라 활용성이 하나하나 달라지는 개별성도 놓치면 안 되는 부분이다.

동일한 조건의 토지가 없는 것처럼 건물마다 입지의 개별성으로 상권의 소비력이 닿는 건물이 있고 옆에 있어도 소비력이 오지 않는 건물이 있다. 예를 들면 이어진 도로에 인접해 있다면 보통 유사하게 활용되는 경우가 일반적이나 어느 순간 3층 간판이 사라졌다거나 일반 상가가 아닌 고시원(원룸텔)이 들어온 자리부터는 이 개별성의 영역으로 구분해 분석해야 된다.

지도를 보자. 방이 먹자골목에서 상권이 끝나가는 날개 입지로 가시성이 좋은 자리 3층에 원룸텔(고시원)이 들어 왔고 붉은 화살표 ①번 길은 9호선 지하철 방향임에도 바로 뒤 건물부터 상권이 끊어진 모습을 보인다.

붉은색 ②번 길은 석촌호수 방면으로 도로 안쪽에도 원룸텔(고시원) 건물이 있으며 대로변까지 3층 매장이 끊어진 모습을 볼 수

방이 먹자골목 끝 날개 입지

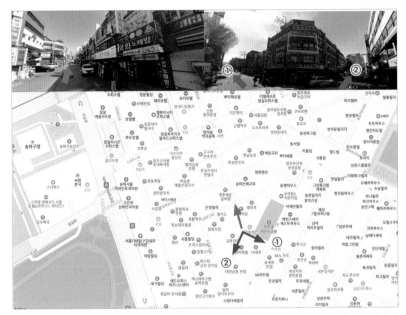

출처: 카카오맵

있다. 로드뷰를 통해 과거에 진행된 간판을 확인해보는 것을 추천한다. 파란색 화살표는 방이동 먹자골목 메인으로 가는 위치로 상권의 날개 위치에 있으나 3층까지 호프집, 당구장 등 간판이 이어진 마지막 자리다. 저녁에 현장에 가보면 딱 여기까지만 인구가 밀집된 모습을 볼 수 있다.

지하철역으로 가는 ①번 길은 사람들의 이동이 지속되는 길목임에도 바로 주택가 상가처럼 상권이 끊어져 있다. 이유는 상권이 형성된 시기보다 9호선이 늦게 개통된 것이 원인일 수도 있고 북쪽으로 대단지 아파트가 몰려 있고 잠실역이 주 이동경로였던 내용 외에도 원인을 분석하는 방향은 여러 가지가 있겠으나 3층 상가 간판이 사라지거나 고시원(원룸텔)이 위치한 건물로 간단하게 기준을 잡을 수 있다는 것이다.

폭이 넓은 골목에 눈에 잘 보이는 코너 골목은 누구나 좋아하는 자리이기에 소비력도 높아 바로 옆 건물과의 차이가 쉽게 눈에 들어오기 어렵다. 그에 반해 날개 상권 자리는 필지 하나 차이의 개별성으로도 확연하게 구분되는 모습을 볼 수 있다.

지역이라는 단위로 바라보면 부동성의 성향으로 상권의 지속성이 유지되고 골목에서의 위치로 빌딩들의 운영이 어떻게 이루어지는지 판단할 수 있다. 수학 공식을 풀 듯 딱 떨어지는 값이 있거나 자로 잰 것처럼 여기부터 상가의 시작이다 아니다 이야기하는 방식은 아니지만 부동산이 그 자리에서 만들어지던 성향을 알아야 새로운 색깔로 변화를 가져올지 기존 흐름과 맞춰 기존의 색깔을 유지할 수 있는지 선택하고 운영하는 것이다. 내가 투자하는 부동산은 빌딩이고 상권이라는 만들어진 공간에서 움직이는 것이기에 그 지역을 모두 바꿀 수 있는 규모를 갖춘 것이 아니라면 빌딩의 입지, 즉 그 자리에서 어떤 것을 할 수 있는지 인지하는 것이 가장 먼저 해야 하는 공부다.

상권 안에 있는 각각의 개별성으로 분류를 하고 투자를 하려는 빌딩의 수익성이 지속될 힘이 있는지 그리고 그 안에서 독립적으로 상승이 가능한 자리인지 입지를 읽을 수 있다면 투자 적합한 빌딩을 한눈에 찾아볼 수 있는 분석력을 갖출 수 있게 된다. 이것이 빌딩의 가치를 판단하는 방식이다.

> 복잡한 분석도 부동산 특성의 기초로
> 간단하게 분석할 수 있다. 언제나 기초는 중요하다.

성공한 매장이 있다고 좋은 입지는 아니다

성공하는 입지

좋은 상권인지 아닌지에 대해 근거를 말하기 위해 유명한 매장이 들어와 있기에 좋은 상권이고 대형 프랜차이즈가 폐점했기에 상권은 쇠락하고 있다는 표현을 많이 한다. 이런 내용이 상권을 이야기하는 데 틀리다는 말을 하고자 하는 것은 아니다. 다만 이렇게 이야기되는 내용이 모든 것을 담을 수 없다는 것이다.

어느 지역에서 어떤 업종이 가능한지 그리고 상권의 발달보다 주변 여건이 더 중요한 포인트가 되기도 한다. 예를 들어 파주에 있는 더티 트렁크라는 카페는 로케이션이 좋아서 사람이 많이 찾는 것이 아니고, 양평 한적한 국도에 있는 유명 식당들도 바닷가에서 뷰가 좋은 자리에 있는 카페나 숙박업소도 입지의 다양한 장점이 있어서 오랜 시간 유지가 되는 것이 아니다. 이런 매장들의 특징은 자신만의 특색을 가지고 멀리 있는 사람들도 끌어당기는 힘을 가지고 있고, 여러 미디어를 통해서 홍보하고 입소문을 타고 운영한다는 것이다.

더티 트렁크의 성공을 보고 파주 산업단지 인근에 대형 카페를 열면 부동산 투자에 성공한다고 생각하는 사람은 없을 것이다. 오히려 누가 투자를 그렇게 하냐고 생각하는 사람이 대부분일 것이다. 지역을 넓게 보고 이야기하면 당연한 현상이 상권에 들어와 골목들을 볼 때는 반영되지 않는 경우가 많다.

어디 상권 안쪽 골목에 대기 줄을 서야 입장이 가능한 식당이 있다고 해서 그 옆에 건물이 좋은 것은 아니다. 심지어 그 옆에 유사 매장이 들어올 수 있다고 판단하고 들어가는 경우도 종종 보이곤 하는데 결코 그렇게 진행되지 않는다. 유명한 원조 매장이 있는데 옆에 유사 매장이 오픈하는 경우는 방문이 쉽지 않은 경우에 통하는 전략이다. 줄이 너무 길어 대기 시간이 싫다면 옆에 있는 간판을 보고 들어가는 것인데, 도심 상권에서는 조금만 걸어가면 대체 가능한 매장을 충분하게 만날 수 있기에 안쪽 골목에 유명 매장이 있다고 좋은 자리가 될 수는 없다는 것이다. 차를 타고 멀리 이동하나 먹자골목 안쪽으로 걸어서 이동하나 소비자는 찾아와야 하는 입지로 끌어당기는 힘이 없다면 안쪽은 지하철역과 가까운 입지보다 당연히 경쟁력에서 뒤처진다.

투자하려는 빌딩의 뒤편까지 간판들이 이어져 있다면 중간 건물에 리모델링을 진행해 가치를 올리기는 더 수월할 것이나 간판이 끊어진 이후에 하나의 맛집만 영업이 잘되고 있다면 손님이 유입된 원인을 찾아봐야 할 것이다. 실제 연남동 상권에서 안쪽으로 퍼지는 입지를 보면 차이를 눈으로 볼 수 있다.

연남동에서 가장 사람이 붐비는 거리가 미로길이다. 골목 사이사이 토지 단차를 이용한 설계로 지하를 1층 매장으로 사용하며 건물 활용성을 높인 상권으로 이미 젊은 소비층의 메인 상권으로 자리하고 있으며 연남동 휴먼타운은 연남동 지구단위계획으로 넓은 도로변만 일반 음식점을 할 수 있어 개발 제한이 걸려 있

연남동 상권

출처: 카카오맵

는 공간이다.

휴먼타운 위에 있는 '툭툭상권'이라 불리는 입지는 유명한 태국 음식점의 상호를 따라서 만들어진 명칭이다. 홍대입구역에서 10분 정도 안으로 걸어 들어와야 하는 입지인데, 2023년과 2024년에 평당 9천만 원 가까운 금액에 거래가 된 이력이 있다. 2024년 2분기에 유사한 금액으로 나온 매물들도 있다.

세부적인 내용과 수익률을 모른다 하더라도 미로길이 평당 9천만 원에서 1억 원 초반의 단가를 형성하고 있는 것에 비하면 연트럴파크에 가까운 상권이라 하더라도 부담을 느낄 수 있는 단가다. 생각보다 거리가 있어 특별한 장점이 있는 곳이 아니라면 사람이 두 번 찾기 어려운 입지로 판단되며, 유명 식당을 갔다가 다시 미로길로 돌아와 소비를 이어갈 가능성이 높다. 툭툭상권이란 표현을 누가 만들었고 어디서 시작되었는지 정확한 내막은 알지 못하나 유명 식당이 있는 안쪽 상권과 역세권과 가까운 미로길 상권의 유동인구 차이만 보더라도 더 명확하게 알 수 있다.

주말에 연남동을 찾는 사람의 골목별 유동인구 표를 보자. 알수 있는 내용은 미로길을 중심으로 사람이 몰려 있으며 가운데 휴먼타운에 있는 사람들도 툭툭상권이나 세로길이 아닌 홍대입구역 방향으로 이동한다는 것을 알 수 있다. 상권의 확장은 있지만 유동인구의 확장은 크지 않다.

단가가 높아도 여러 사람이 들어 올 수 있는 이유 중 하나는 총

연남동 골목별 유동인구

액이 가볍다는 것인데 이런 유형의 입지는 공실이 진행되면 다시 같은 금액의 수익을 만들기 어렵다. 붐이 일어난 시점에 들어온 임대료는 현실화하는 데 어려움이 많은 경우가 일반적이기 때문이다.

툭툭상권이 나쁘다는 이야기가 아니다. 그렇게 단순하게 이분법적으로 생각하면 안 된다. 상권이 좋고 나쁨을 말하는 것이 아니다. 직접 운영할 수 없고 부동산 투자도 잘 모르는 사람이라면 더 신중하게 분석하고 들어와야 실패 확률이 줄어든다는 것이다. 유명 식당이 있어 만들어진 안쪽 상권에 대한 이해를 위해 설명하는 것으로 주변이 모두 다 잘된다고 생각하면 안 된다는 것이다.

이런 내용과 유사한 사례가 유명인이 매입했다고 정확한 분석 없이 들어가는 경우다. 시장과 입지를 모르는 상태에서 유명한 이슈가 생겼다고 매수 타이밍의 기준으로 생각하는 것은 추천하지 않는 방식이다.

빌딩에 투자한다면 현금이 흐르고 또 유지가 되는 입지를 찾아야 한다. 주변의 좋은 이야깃거리가 나의 수익을 보장해주지는 않는다. 주변을 둘러보지 않고 하나의 매장을 찾아서 오는 소비자들도 있기에 주변과 어우러지는 입지인지 내 건물만의 특장점이 필요한 입지인지 분석이 필요하다.

수익용 부동산이 가지고 있는 입지의 특징을 보면 다방면에서 좋은 조건을 갖춘 매물을 찾기 위해 로케이션에 대한 항목을 체크하고 움직인다. 하지만 수익용 부동산은 뾰족하게 한 가지만 절대적으로 좋아도 현금 흐름을 꾸준하게 만들 수가 있다. 모두가 알고 있는 전망이 좋은 카페와 숙박업소가 이런 사례다. 상권과 로케이션이 없어도 현장에 어울리는 장점을 살리는 업종을 선택한다면 이 역시 성공한 부동산 투자가 되는 것이다.

그렇다고 관광지도 아닌 경치 좋은 곳에 홍보도 없이 들어가거나 이미 수요 대비 공급이 포화된 시장에 성공사례가 있다고 투자를 들어가지 않는 것처럼 유명 상권이라 하더라도 유명한 매장이 있다 하더라도 미디어의 붐업에 따라 들어가는 것은 좋은 방식이 아니다. 가로수길에 애플 매장이 있고 성공한 빌딩 투자 사례이나 주변이 다 좋은 결과를 만들고 있는 게 아닌 것처럼 말이다.

> **나의 투자 성공 가능성에 베팅해야 한다.**

유명인의 투자, 득일까?

유느님의 논현동

　방송인 유재석 씨가 논현동 2필지를 2023년 6월에 거래하고 같은 해 12월에 명의 변경을 하면서 여러 미디어를 통해 유느님 부동산 투자사례로 소개가 되었다.

　국민 MC 유재석의 부동산 투자는 이슈가 되기에 충분했고 대출 없이 모든 금액을 현금으로 진행했다는 내용이 중심이 되어 수많은 기사와 블로그가 쏟아져 나왔다. 투자의 기본 내용은 붙어 있는 두 필지를 한 번에 매입했으며 지도상 우측에 있는 필지는 주택이 지어져 있는 4층 건물로 평단가 약 9,856만 원에 거래되었으며, 좌측에 있는 필지는 2022년 90억 원에 거래되고 개발을 위해 철거를 완료한 나대지 거래로 평단가 1억 2,839만 원에

방송인 유재석 관련 투자 기사

[단독] 유재석 200억원에 강남 빌라와 빈땅 동시 매입… 두 땅 붙여봤더니

입력 2023.12.12. 오전 10:46 · 수정 2023.12.12. 오전 10:48 | 기사원문

방송인 유재석이 200억원 상당의 토지와 건물을 전액 현금으로 매입했다.

12일 대법원 등기소 등기내역에 따르면 유재석은 최근 서울 강남구 논현동에 위치한 토지면적 298.5m²(90.3평) 토지와 토지면적 275.2m²(83.2평) 건물을 각각 116억원, 82억원에 사들였다. 매입한 필지의 토지평단가는 각각 1억2839만원, 9851만원이다.

유재석은 기존에 있던 5층 규모의 건물을 허문 빈땅과 인접 4층 규모 다세대주택(빌라)을 매입했다. 나대지는 신축 건물을 짓기 위해 최근 기존 건물을 허물고 매물로 나온 것으로 전해졌다. 다세대주택은 2002년 지어진 건물로 지하 1층부터 4층까지 총 5개층 11호실로 이뤄졌다.

두 땅은 붙어 있지만 각각 다른 편 방향의 2차선 도로와 접하고 있다.

출처: 〈조선일보〉, 2023년 12월 12일자

총액 116억 원으로 매입해 기존 소유주는 1년 만에 26억 원의 시세차익을 얻었다는 내용이었다. 필지가 각각 도로와 접하고 있어 신축하면 앞뒤로 도로에 접하는 활용적 건물을 지을 수 있으며 소속사인 안테나 엔터테인먼트와 인접하고 학동역에서 도보 3분여 거리에 있어 접근성이 좋다는 내용도 있었다.

모두 중요하고 맞는 내용이다. 필자의 시각으로도 잘 투자한 좋은 사례로 판단한다. 하지만 한동안 많이 회자된 내용은 유재석이 매입을 했다는 사실과 소속사인 안테나와 인접해 있다는 내용으로 평단가와 건물 신축에 대한 내용만 반복되어 아쉬웠다. 유재석이라는 유명 연예인과 소속사를 빼고 말할 수는 없는 내용

이나 개인적 상황이 아닌 실무적 관점에서 들어가야 한다.

유재석과 회사 안테나는 개인 명의와 연예 기획사로 생각을 해야 한다. 법인 명의와 개인 명의의 차이는 세금 관련 이슈가 가장 큰 내용이나 투자보다는 실수요를 위해 구매했을 가능성이 높아 부동산을 통한 시세차익의 이미지를 피한 것이 아닐까 개인적으로 생각한다. 그리고 가장 중요한 포인트가 연예기획사다. 왜 학동역 인근에 연예기획사를 확장하려는 걸까? 발췌 기사에는 다음의 내용이 나온다.

유재석이 이번에 매입한 필지가 위치한 논현동 인근에는 유재석의 소속사인 안테나엔터테인먼트 사옥과 인접해있다. 이뿐 아니라 엔터테인먼트, 스타트업 등 사무실 수요가 많은 위치로 알려졌다.

주목을 받기 어려운 위치에 짧은 한 줄로 적혀 있는 것이 실제 저 입지의 소비자(임차인) 모습이다. 빌딩 투자를 한다면 소비자가 어떻게 구성되어 있는지 알아야 한다. 내가 직접 사용할 것이 아니라면 더더욱 이 부분은 중요하다.

강남구는 연예기획사들이 넓게 포진되어 있다. 우리가 아는 대형 기획사가 용산, 마포, 성수에 자리하고 있지만 실제로는 강남권에 많은 업체가 밀집되어 있고 가장 선호되는 위치가 논현역과 학동역 북단에 있는 2개 블록이다. 부동산 전문가가 필요한 부

강남구의 엔터테인먼트

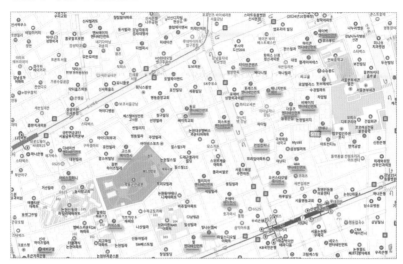

출처: 카카오맵

분으로 20여 년 전부터 단독주택을 사옥으로 사용하는 사무실들이 많았으며 예술과 접목된 크리에이티브한 업종들이 꾸준히 선호하는 입지다. 해외 모델 에이전시도 이곳에 여러 업체가 있으며 이런 업종들이 모여서 임대 시장의 단가를 받쳐주고 빌딩의 소비자 역할을 하고 있다.

지도에 보이는 연예기획사만 체크해도 이 정도이고, 실제 검색하면 더 촘촘하게 모여 있는 것을 확인할 수 있다. 그리고 강남의 가운데 블록으로 중소형 사무실이 촘촘하게 모여 있어 출퇴근 시간이면 학동역을 통해 출퇴근하는 인원이 출구에 길게 줄을 서는 모습도 볼 수 있을 정도다.

7호선 학동역 평일 오전 8시 출구 모습

지하철 승하차 인구조사

호선	역명	계	일평균	1월	2월	3월	4월	5월
2 호 선	성수	6,178,829	**40,650**	1,200,320	1,128,978	1,275,595	1,277,699	1,296,237
	삼성	7,715,660	**50,761**	1,555,513	1,418,163	1,603,774	1,551,111	1,587,099
	선릉	7,756,693	**51,031**	1,613,832	1,412,839	1,566,749	1,583,865	1,579,408
	역삼	6,862,447	**45,148**	1,453,119	1,269,358	1,393,271	1,395,159	1,351,540
	강남	11,654,118	**46,672**	2,428,112	2,170,848	2,381,424	2,329,644	2,344,090
5 호 선	광화문	4,725,088	**31,086**	977,483	850,643	954,667	948,005	994,290
7 호 선	학동	3,261,245	**21,456**	679,047	595,407	667,702	665,725	623,364
	논현	2,574,649	**16,938**	524,066	471,895	519,385	528,462	530,841
9 호 선	봉은사	3,061,285	**20,140**	583,561	557,952	561,814	506,318	662,640

출처: 서울교통공사

출구가 넓지 않기는 하나 평일 오전 8시 정도에도 출구를 올라가고자 하는 사람들이 길게 줄 서 있는 모습을 볼 수 있다. 특히 출퇴근 시간이 가까워지면 사진의 모습보다 더 많은 인원이 몰리는데, 강남과 유명 지하철 승강장 이용객 수를 보아도 생각보다 학동역 수치가 높은 수준임을 알 수 있다.

2024년 1~5월까지의 지하철역 승하차 인구를 보자. 대형 건물들이 있는 지하철역에 비하면 낮아 보이는 수치이나 주변 대형 건물이 없는 평범한 지하철역으로 하루 21,450명 수준의 이동이 있는 역으로 중소형 업체가 얼마나 많이 밀집해 있음을 알 수 있다. 이렇듯 업무시설 임대차가 많은 지역이다.

또 유재석 씨가 거래한 토지는 1종일반주거지역으로 150% 용적률에 개발 효율이 낮음에도 건설회관 아래로 이어진 1종일반주거지역의 신축 소형 건물의 임대료 단가는 연면적 기준 20만 원 전후로 높게 형성되어 있다. 로드뷰를 통해 인근 건물을 본다면 분위기가 다른 건물들을 볼 수 있는 곳으로, 강남에서도 중소형 건물 사옥으로 인기가 많은 지역이다. 이번에 매수한 토지처럼 도로를 양쪽으로 접하고 있어 토지 활용도를 높게 만드는 투자는 향후 직접 사용을 하지 않더라도 임대용 건물로 수익을 충분히 만들 수 있는 건물인 것이다.

주변 시세와 투자 금액에 대한 내용은 기본으로 체크해야 하는 부분이나 실제 주변 임차인 구성이 어떻게 진행되고 있는지 그리고 내가 투자하는 건물의 활용성은 어떤 방식으로 할 것인지가 더 중요하다. 용적률이 낮고 평범해 보이는 골목이라도 밸류에드의 가능성을 보아야 할 것이다.

> **조용해 보이는 동네도 탄탄한 임차인이 받쳐 준다면 훌륭한 투자처다.**

급매인데 이미지 때문에 망설인다

코로나19 사태 이전에 대한민국을 들썩이게 만든 사건으로 빌딩 소유주가 구속되면서 강남구 신사동과 청담동 빌딩이 매물로 나왔던 상황이 있었다. 두 사건 모두 누구나 알만한 것이어서 당연히 그들이 소유한 빌딩마저 연일 뉴스로 보도되며 부정적인 이미지가 쌓여만 갔다.

신사동에 있는 빌딩은 수려한 신축급 컨디션의 건물로 매력적인 가격에 나왔음에도 매수자가 선뜻 움직이지 않아 여러 차례 가격이 깎여 당시 주변 시세 대비 20% 정도 낮은 가격으로 거래되었다. 향후 3년간 3번의 추가 매매가 진행되며, 금액은 사건 이후 거래 금액에 3배가 넘게 올라 계약되었다. 이 수치는 급격히 오른 시장을 감안해도 상당히 높은 상승률이다. 당시 필자를 포함해 많은 빌딩 전문 중개법인에서 해당 빌딩의 매수를 제안했으나 다수의 고객이 찝찝하다는 이유로 적극적인 검토를 하지 않았다.

청담동의 건물은 일반 매각을 시도하기는 했으나 몇몇 사항이 명확하지 않았으며 실제 매수 고객들도 이미지를 이유로 적극성을 보이지 않아 경매로 넘어갔다. 1회 유찰 후 감정평가 금액보다 10% 정도 저렴한 금액으로 낙찰되었으며, 권리관계가 복잡한 것도 아니었는데 응찰도 4건으로 경쟁률도 높지 않았다.

대외적인 모습이 좋지 않다는 것은 마이너스 요인이 분명하다. 하지만 투자 마인드로 생각한다면, 두 빌딩 모두 관리가 잘된 신축 수준의 건물이며 시세 대비 가격 경쟁력이 우월했다. 그럼에도 이렇게 매수 경쟁률이 낮다는 건 쉽게 이해되지 않는 상황이었다. 심지어 강남구 신사동과 강남구 청담동 입지도 이런 정서를 압도하지는 못했다. 무엇이 좋은 것이라 단정 짓기는 어렵지만 누군가는 투자 수익을 얻을 것이고, 그 행위가 불법이 아니라면 소유한 사람에게는 분명한 기회였을 거라 생각된다. 경제적 이익을 위해 이런 매물만 찾으러 다니는 것은 효율적이지 못한 행동이나 이런 상황을 맞닥뜨린다면 피하기보다는 세부적인 검토는 해보고 고민하는 것이 어떨까?

건물의 효율성보다 수익성을 보라

명동 대로변 10평 건물

명동은 대한민국에서 가장 비싼 땅으로 유명하다. 중심가는 매물이 없어 사고 싶어도 살 수가 없다는 이야기와 땅 한 평이 10억씩 한다는 말들을 쉽게 들을 수 있었다. 2006년 부동산 실거래가 신고 이후의 매각 사례를 보면 실제 대지 기준 평단가 10억이 넘는 건물을 보이진 않지만 가장 오래된 대한민국의 중심 상권으로 외국인들의 한국 관광 필수 코스인 곳으로 충분히 나올 수 있는 이야기들이다. 많은 사람이 가지고 싶은 선망의 부동산인 것은 분명한 상권이다.

명동에서 2023년도에 거래된 작은 건물이 있다. 대지가 14평으로 필자가 이야기하는 활용성을 만들기 매우 어려운 크기의 건물로 사용승인일도 1967년에 지어진 오래된 건물이다. 건물의 바닥 면적은 13평 정도로 건폐율이 90%가 넘어가기에 새롭게 신축한다면 받을 수 없는 면적으로 현재 상태로 사용해야 하는 건물이다. 그렇다면 이 건물의 활용성과 수익성은 얼마나 가능할까?

거래금액이 110억 원이고, 대지 평단가는 7억 9천만 원 수준으로 결코 저렴하지 않은 금액이었다. 2023년이면 금리가 높아 부담도 되었을 시기인데 과연 10평 남짓한 한층 면적에서 얼마나 높은 수익을 얻을 수 있길래 매입을 했을지 생각해보게 된다.

사진에서 보이는 것처럼 얇고 길쭉한 땅에 지어진 건물이라 구조의 효율성도 찾기 어렵고 건물의 노후도 역시 크게 개선된 모습은 보이지 않는다. 빌딩을 단순 수익률 판단하기 위해 거래금액 110억 원을 단순 수익률로 계산해본다면 4%가 나오기 위해선 약 3,600만 원 수준의 월세가 필요하다. 3%로 생각하더라도 약

명동 대로변 10평 건물

출처: 카카오맵

2,750만 원의 월 수입이 가능해야 한다.

전체 74평의 건물에서 연면적 단가로 40만 원이 나와야 가능한 월 3천만 원이 나오는 수준으로 1층에서 평당 임대료 100만 원이 나온다고 해도 지하 1층부터 지상 5층까지 있는 건물 전체의 연면적 단가 40만 원을 만드는 건 현실적으로 불가능에 가깝다. 입지가 사람이 가장 많이 몰리는 자리이고 대로변에 롯데백화점과 마주하고 있는 최상의 조건이라 해도, 여기는 입지만으로 임차인을 구하기에는 어려운 조건들이 많이 보이는 건물이다.

하지만 필자는 이 건물의 매매는 매우 성공적인 투자 사례라고 판단한다. 단순하게 명동이어서도 아니고 대로변 코너에 메인 골목 초입이어서도 아니다. 주변 환경이 나의 투자 금액을 보상해주는 것은 아니기에 현금 흐름이 있는 건물에서 나의 수익성이 받쳐주어야 성공한 투자다. 건물의 가치 상승도 수익성이 없다면 현실화할 수 없다고 반복해서 표현하는 이유다. 그럼 이 작은 건물의 수익은 어디에서 나오는 것일까?

바로 건물 옆면에 있는 전광판 광고다. 주로 상업지역의 토지에 설치할 수 있는 전광판 광고는 규모가 큰 건물에서도 주 수입원으로 효자 노릇을 하는 요소다. 내가 가지고 있는 건물의 토지 용도가 상업지역이라면 바로 전광판 광고가 가능한지 알아보고 광고판 설치 시 수요가 있는지도 꼭 확인하길 바란다.

여기에서 광고판에 대한 수익을 알아보기 전에 미리 알려둔다. 필자는 광고업을 하지 않고 시중에 있는 시세를 기준으로 추정하는 것으로 기초 참고 자료로 생각하자. 또한 추정치이기에 수익도 보수적으로 잡아보도록 하겠다.

전광판 광고의 상품 구성은 한 상품당 20초를 기준으로 하며 하루에 100회 이상의 노출을 보장하는 것으로 한다. 이것을 한 '구좌'라 표현을 하고 한 개의 상품이 된다. 보통 광고 시간은 오전 6시부터 자정인 오후 12시까지 총 18시간을 진행하는 것이 일반적이다. 광고 상품 한 개당 100회 노출을 한다면 총 32개의 구좌가 가능하나 최소 보장 횟수이기에 보통 25개 전후의 광고를 받아 유지한다. 세부 사항으로 들어가면 상업 광고와 공익 광고의 비율이 있거나 몇몇 사례가 있기는 하나 추론하는 방식을 이야기하는 것으로 단순하게 계산해보도록 하겠다.

그렇다면 하나의 상품(구좌)당 단가는 얼마나 될까? 대로변 전광판의 단가는 위치와 크기 그리고 기능마다 다르게 측정되고 있으나 보통 대로변이 1천만 원 수준이다. 차도에서 안 보이는 안쪽 골목이 500만 원에서 700만 원 수준으로 형성되어 있다. 당연히 입지와 유동인구에 따라 다르고 광고판의 크기에 따라 다르게 형성되어 있는 것은 포함하지 않고 눈으로 보더라도 다른 광고 전광판에 비해 크기는 작으나 높이가 낮아 걸어 다니는 유동인구와 차량을 타고 이동하는 사람까지 모두 잘 보이는 위치에 있어 안쪽 골목의 단가인 500만 원으로 추정해서 계산해보도록 하자. 참고로 이 수치가 추정치이나 보편적으로 형성된 가격을 기준으로 한 것이기에 큰 차이가 나지 않을 것이고 익숙하지 않은 상품을 판단하기에 충분한 도움을 줄 것이다.

구좌: 25개	25 X 500만 원 = 1억 2,500만 원
단가: 500만 원	

25개 구좌가 다 들어오지 않아 20개만 계산을 하더라도 1억원의 매출이 발생한다. 건물주는 광고판을 위탁 운영을 해 수익을 나누거나(수익 쉐어) 전광판을 임대하기도 한다. 수익 쉐어는 50% 정도 수준이라고 알고 있으나 이것도 건물의 조건과 총매출액에 따라 다르게 형성되어 있어 또 보수적으로 30%만 적용하겠다. 보수적인 매출액 1억 원에 30%를 적용하면 월 3천만 원의 수익이 건물주에게 돌아가는 것이다.

건물에서 나오는 월세를 적용하지 않더라도 월 3천만 원을 110억 원의 매매가로 단순 계산하면 약 3.27%가 나온다. 매우 보수적으로 계산한 수치로 월 임대료까지 생각한다면 4%가 넘는 수익률도 가능할 것으로 예상된다. 또 공실 리스크나 운영하기 위해 들어가는 노동이 낮은 상품으로 실질적인 수익의 효율성까지 체크한다면 더 매력적인 빌딩이고, 그렇기에 성공적인 투자라 이야기할 수 있는 것이다.

실제 매물을 거래하게 되면 세부 자료를 받아 정보를 확인할 수 있으나 이렇게 건물의 세부 자료를 확인하지 않더라도 대략적인 매출을 검토할 수 있다면 확인한 정보를 받아들이는 능력이 좋을 것이다. 또 새로운 사례와 수익 방식에 대한 내용을 알 수 있고 시장의 대응 능력을 높일 수 있는 좋은 방법이다. 이런 내용을 모아서 평가해야 하는 것이 빌딩 투자이고 기본 구조는 있더라도 딱딱한 규격에 맞추려 하기보다는 빌딩이 가지고 있는 구성 요소에서 수익성을 찾아 발굴하는 방법이 진정한 개발이라 생각하는 이유다.

**건물의 효율성이 아닌
건물의 수익성이 중요 포인트다.**

사거리의 독보적 입지를 내세워라

신정네거리역 매각 사례

2호선에 신정네거리역이 있다. 위치는 목동과 인접해 있으며 서쪽으로 조금만 더 이동하면 경기도 부천이 나오는 서울의 서쪽 끝자락으로 목동에서 이어지는 상권과 서울남부지방법원이 있어 관련된 시설들이 임차를 이루고 있는 곳이다. 남쪽에 있는 광명의 철산동보다 유명세가 낮은 서울이다. 신정네거리역도 2호선 순환선에서 갈라져 나온 노선으로 신도림역(역번호 234)에서 환승하는 지선으로 지하철역 번호도 234-3번으로 되어 있는 지역이다.

신정네거리역 사거리는 십자가 모양으로 반듯하게 도로가 되어 있지도 않았으며 사거리 남쪽으로는 유동인구가 있으나 북쪽

2호선 신정네거리역

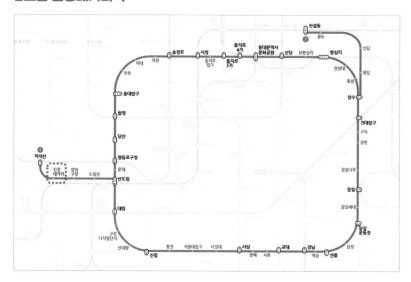

출처: 네이버지도

으로는 인적이 잘 느껴지지 않을 정도의 분위기다. 필자가 이야기했던 철물점, 페인트 매장이 있는 분위기의 대로변으로 되어 있어 부동산 투자를 들어가기가 쉽지 않은 입지다. 하지만 유동인구도 없는 신정네거리역 북쪽 코너에 부동산이 위치한 입지와 주변 환경을 가장 잘 살릴 수 있는 성공적인 매각 사례가 2019년에 진행되었다.

당시 필자가 진행했던 매물 안내자료 내용으로 북단에 있는 국회대로의 공원화 계획과 남단 좌측에 있는 신정 재정비촉진지구 부동산 호재가 있었으나 상업용 부동산의 호재로는 큰 기대를

신정네거리역 매물 위치도

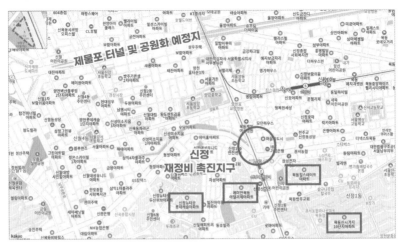

출처: 카카오맵

매물사진

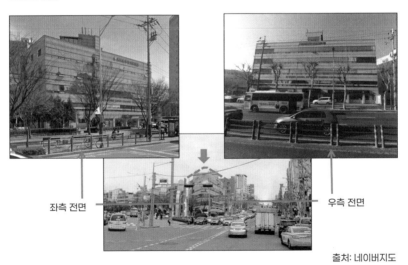

좌측 전면   우측 전면

출처: 네이버지도

PART 3 상권의 원동력과 빌딩의 상품성

하기 어려웠다. 그럼에도 북단의 코너를 고객에게 추천했던 이유는 명확했다.

뾰족하게 나온 사거리 코너에 있어 건물이 네모반듯한 모양은 아니었으나 대로변과 접하고 있는 면적이 넓어 가시성이 좋았고 당시 임차내역에서 기아자동차와 정형외과가 건물의 50% 정도를 사용하고 있었다. 주변 주거지에 내재된 인구는 충분했고 2020~2021년 새롭게 들어올 개발호재까지 있다. 유동인구가 유입되기 어려운 위치로 보이나 현재 가지고 있는 장점은 더 좋아질 거라 판단했다.

그리고 1층 기아자동차 매장이 들어오기 위한 조건이면 유사한 우량 임차인으로 채워질 것이고 상층부 정형외과는 주변 인구 분포가 60대 이상으로 이루어져 있음을 알고 있어 나머지 임차공간까지 임차인을 순차적으로 변경해 메디컬빌딩으로 구조변경이 가능해 보였다. 이 2가지 임차인의 포인트는 눈에 잘 보이는 곳에 있으면 소비자를 유입시킬 힘이 있는 업종으로 건물을 리모델링하지 않더라도 외부에 랩핑을 하거나 간판을 더 잘 보이게 만들어주기만 하면 가능한 구조였다.

빌딩이 거래되고 2024년 1월에 임차인이 변경된 모습도 보자. 1층으로 햄버거 매장으로 생각하지는 못했으나 예상대로 우량 임차인이 입점했고 상부층 통 임대는 아니어도 전체 병원으로 구성을 맞춰 기존 동물병원이 있던 자리에 약국까지 들어와 100점짜

임차인 변경 후

좌측 전면   우측 전면

출처: 네이버지도

리 임대 구조를 형성했다.

이렇게 성공적인 임차를 예상할 수 있었던 기준은 주변에 병원 간판이 많아 영업이 가능한 입지를 알 수 있었고 해당 건물의 구조상 요양병원도 생각할 수 있었으며 실제 지하철 출구 인근에 메디컬빌딩이 있었음에도 가시성이 본 건물과 비교가 안 되는 입지로 경쟁력을 갖추었다고 판단이 되었다. 비록 필자가 중개를 진행하지는 못했으나 주변 상권이 아닌 환경과 입지의 장점으로 만들어지는 아주 훌륭한 거래 사례다.

2019년 거래 당시에도 실 관리비를 제외한 전체 수입이 4% 수준으로 좋았기에 새롭게 맞춘 임대 조건은 더 상승했을 것이라고 생각되며, 쉽게 이전하거나 문제 발생이 적은 업종이 들어와 건물의 가치는 충분히 올라갔을 것이라 보인다. 이렇게 독보적인 입지를 가진 건물은 특장점을 살린다면 누구나 갖고 싶은 건물로 탈바꿈할 수 있는 것이다.

> **어느 지역에나
> 주인공이 될 빌딩은 있다.**

규모의 경제는 이기기 어렵다

원스톱 시스템을 선호하는 사람들

복합쇼핑몰은 단순히 쇼핑만 하는 곳이 아니라 영화관, 놀이 시설 등 다양한 엔터테인먼트 요소를 두루두루 갖추고 있어 소비자가 여러 곳을 이동하지 않고 한 장소에서 해결할 수 있는 편리한 공간이다. 다양한 브랜드와 제품이 입점해 있기에 소비자는 선택의 폭을 넓히며 실내에 마련된 대형 쇼핑몰은 날씨의 영향을 피해 쾌적한 시간을 만들어주기에 바쁜 일상의 현대인에게 많은 사랑을 받는 상권이다.

지역 경제에 긍정적 영향을 주고 새로운 관광지로 많은 인구를 유입시켜 소비를 만드는 대형 공룡 같은 메가몰은 반대로 인근 상권의 소비까지 모두 빨아들여 '복합쇼핑몰의 빨대효과'라는 부정적인 표현도 2000년대로 초반부터 나오기 시작했다. 긍정의 의미이건 부정의 의미이건 주변 상권에 영향을 미치고 있다는건 부정할 수 없는 사실이다.

대형 복합쇼핑몰이 본격적으로 시작된 건 2012년 여의도 IFC몰 개장으로 여겨진다. 기존에 있던 쇼핑몰의 모습과는 다른 분위기로 여의도 상권 강화에 큰 역할을 했으며 기존 직장인에 관광객까지 몰리게 하면서 여의도가 보다 매력적인 비즈니스 관광지로 성장할 수 있게 해주었다. 그리고 2014년 개장한 잠실역 롯데월드타워 안에 위치한 롯데월드몰은 해외 관광객들을 불러모으며 주변 상점과 식당들의 매출을 올리는 긍정적인 영향을 미쳤다는 기사를 볼 수 있었다.

기사의 내용처럼 여의도의 경우 IFC몰로 인해 침해받을 상권이 별도로 있지도 않고 인구를 흡수한 만큼 외부 인구를 유입해 긍정적인 영향이 더 크게 작용했다. 롯데월드몰이 생기고 석촌호수에서 진행하는 러버덕, 1,800마리 종이 판다 등의 행사로 주변 상권은 긍정적인 영향을 주었다. 2015~2016년에 만들어진 송리단길 상권의 힘도 석촌호수 행사의 영향을 많이 받고 나온 것이라 생각된다. 또 저녁이면 롯데월드몰 근무자들이 나와 주변 상권에서 소비를 이어가기에 방이 먹자골목을 비롯 주변 저녁 상권에도 긍정적인 영향을 주고 있어 인근 빌딩 투자에도 긍정적인 영향을 주고 있다.

대형 복합쇼핑몰의 영향을 알려주는 기사

'롯데월드몰 1년'... 경제 효과 3조4000억

입력 2015.10.29 오전 9:03   기사원문

'롯데월드몰 1년'...경제 효과 3조4000억누적 방문객 2820만 명, 유커가 80% 차지 롯데월드몰이 10월 15일 진행한 1주년 기념식을 시작으로 11월 중순까지 50여 개의 첫돌 행사 이벤트에 나선다. 롯데월드몰은 1주년을 기념해 10월 20일부터 11월 1일까지 에르메네질도 제냐·루이비통·디올 등 해외 유명 브랜드를 중심으로 '에비뉴엘 퍼스트 럭셔리 페어(Luxury Fair)'를 진행한다. 지하 1층 광장에서는 국내 최대 규모의 럭셔리 시계 박람회인 '코리아 워치 페어(KOREA Watch Fair)'를 진행해 바쉐론 콘스탄틴·예거르쿨트르·IWC 등 고급 시계 브랜드를 선보인다. 이와 함께 최초로 예거르쿨트르 마스터 클래스 수업을 통해 기계식 무브먼트 조립과 분해를 선보인다.11월 5일에는 공모받은 사진을 한국사진작가협회 작가를 포함한 전문 심사위원단의 엄정한 심사를 거쳐 총 65작품의 수상작을 발표할 예정이다. 대상 수상자에게는 롯데월드타워 완공시 높이 555m를 상징하는 555만 원의 상금과 함께 에비뉴엘 아트홀에서 개인 작품을 전시할 수 있는 특별한 기회를 제공한다. 또한 10월 31일에는 오전 10시부터 롯데월드몰 월드파크와 석촌호수 일대에서 3000명 이상의 가족들이 참여하는 국내 최초 가족사진 대회도 진행한다.이 밖에 11월 15일까지 주말마다 백설공주·신데렐라 등 동화 속 주인공과 할로윈 캐릭터의 퍼레이드가 롯데월드몰 지하 1층부터 4층까지 진행된다. 쇼핑몰 3~4층에서는 점핑 퍼포먼스·마술·인형극 등이 상시 공연된다.   <중간생략>

을 갖춘 초대형 해외 명품 단지가 존재하는 것이다.롯데월드몰은 지역 경제와 고용 창출에도 도움이 됐다. 2014년 10월 오픈 후 석촌호수에 띄운 러버덕, 올해 7월 한 달간 석촌호수와 롯데월드 주변에 전시된 1800마리의 종이 판다 등 다양한 대형 마케팅을 통해 800만 명 이상의 관람객을 잠실로 유입해 지역 경제에 많은 도움이 됐다.고용 창출 효과도 높은 것으로 나타났다. 롯데월드몰과 롯데월드타워 공사에 투입된 인원만 해도 하루 평균 7000여 명으로, 공사 시작부터 공사가 끝나는 시점까지의 연인원으로 환산 하면 500만 명이 넘을 것으로 보인다. 현재 롯데월드타워 공사 현장에만 일평균 3000여 명의 근로자가 일하고 있다. 롯데월드몰 전체 고용 인원은 6000여 명으로, 이 중 청년(15-29세) 고용에 해당되는 인원은 전체의 55% 수준인 3300여 명이다. 특히 내년 말 롯데월드타워가 완공된 후에는 2만여 명이 상시 고용돼 큰 경제 유발 효과를 낳을 것으로 예상된다.

출처: 한국경제신문

[요즘엔 이 거리가 핫] 서울 여의도 IFC몰, 패션·식당·오피스 '삼박자'...한산한 주말 여의도는 북적북적

입력 2018.09.07 오전 4:02   기사원문

평일 점심시간 인산인해
식당 많고 영화관 인접
주말에도 연인·가족 찾아
구획 내 상가업소 135개
음식업이 71개 가장 많아
월평균 매출액 7천 수준

서울 여의도는 대표적인 업무지구이기 때문에 이 지역 상인들은 대부분 주말 장사는 기대하지 않는다. 여의도 국제금융로 10 일대에 위치한 IFC몰(mall) 역시 한때는 평일 식사시간에만 문전성시를 이뤘고 주말이면 한산했다. 하지만 쇼핑몰 내 앵커 시설들이 점차 자리를 잡으면서 이 지역도가 쌓이면서 유동인구가 늘어났다. 지금은 IFC몰 효과로 주변 상권까지 활성화되는 등 여의도 상권지도 재편의 핵심축으로 자리매김했다.
IFC몰은 서울국제금융센터(IFC) 지하에 위치한 쇼핑몰이다. 지하 1·2층은 패션, 지하 3층은 식당을 중심으로 구성됐다. 오피스 3개동 및 콘래드 서울 호텔이 상부에 있어 쇼핑, 외식, 문화, 비즈니스 등을 한꺼번에 해결할 수 있는 전형적인 복합몰이다. 인근에 밀집한 오피스의 직장인들이 몰려들기 때문에 평일 점심시간 IFC몰 식당가는 발 디딜 틈이 없다. 최근에는 맛집으로 인정받는 식당이 점차 느는 데다 CGV 영화관도 있어 주말에도 데이트를 즐기는 연인이나 가족단위 쇼핑객들로 북적인다.   <중간생략>

■ 상권분석 A to Z...대형 쇼핑몰 개장의 得失

한 상권 내 랜드마크급 대형 쇼핑몰이 개발되면 주변에 거주하는 사람들은 부동산 가치 상승을 기대하지만 주변 상인들은 두려움을 느낀다. 규모의 경제, 빨대효과로 인해 손님을 뺏길 것이라 우려하기 때문이다. 하지만 오히려 대형 쇼핑몰 개장이 주변 상권 활성화에 특이 되는 경우가 많다. 절대적인 유동인구가 늘어나기 때문이다. 대표적인 예로 IFC몰과 영등포 타임스퀘어 인근을 꼽을 수 있다.

출처: 매일경제신문

그리고 2016년 하남에 스타필드가 큰 기대를 안고 오픈했고 첫해 연 방문객 1천만 명이라는 놀라운 수치와 함께 5천 명의 지역주민 일자리 제공 등 3만 4천 명의 직간접 고용과 수조 원의 경제효과까지 성공적인 평가를 받고 있다. 또 스타필드 하남 개장 초기에는 집값이 눈에 띄게 상승하게 만들어 하남 주변 지역은 투자자들의 관심도 늘어나게 했다.

모든 면에서 긍정적인 부분만 보이고 있는 스타필드 하남은 인근 빌딩 투자에도 긍정적인 영향을 미쳤을까? 필자는 그렇지 않다고 생각한다. 하남은 신도시로 몇 개의 상권을 제외하면 전반적인 항아리 상권의 모습을 보여 관련성이 크지 않을 수 있다고 생각할 수 있으나 규모에서 오는 편의시설은 거주 인구의 소비를 흡수하기에 충분해 지역 매장에서 소비되는 물량을 나누게 되는 현상을 만들었다.

신도시를 지나면 하나씩 보이는 건물을 통으로 사용하는 전자제품 매장도 하남은 규모 대비해 매장이 적게 들어와 있다. 이는 스타필드 안에 베스트샵과 디지털프라자 매장이 편리하고 추가 소비까지 이어질 수 있기에 차를 가지고 스타필드로 향하기 때문으로 판단된다. 건물 투자에 있어 장기 계약을 진행하는 대기업 임차인은 중요한 요소인데, 이것도 대기업에서 흡수해버린 것이다. 기존 상권이 형성되어 있던 하남시청 인근의 골목도 변화가 생기지 않아 오래된 건물도 개발이 진행되지 않고 있다.

그렇다면 대형 복합쇼핑몰이 있는 인근의 빌딩은 투자하기에 적합한 것일까? 유사한 형태의 쇼핑몰이 있음에도 상반된 결과가 나오는 이유는 무엇일까? 이 내용의 기준은 쇼핑몰의 유동인구가 외부로 흘러 나와 소비를 이어갈 수 있느냐가 포인트다.

우선 앞의 두 쇼핑몰은 도심지에 있어 직접 차를 가지고 이동도 하지만 대중교통을 이용한 이동도 많아 자연스럽게 외부와 연결이 되고 인접한 거리에 있어 가볍게 이동할 수가 있다. 반면 하남의 경우는 지하철역과도 도보 10분 정도의 거리로 대중교통으로 방문하는 사람의 비율은 낮을 것으로 예상되며, 주변 상권으로 걸어서 이동할 수 없는 거리에 있는 것도 소비가 이어질 수 없는 이유 중 하나다. 즉 매년 수천만씩 방문하는 인구는 하남이 아닌 스타필드에 한정된 인구로 주변 상권은 경쟁력이 낮아지고 빌딩의 수익성도 상승하기 어렵게 된다.

도심지는 업무시설과 기존 소비력으로 상권 유지가 가능한 상태에서 복합쇼핑몰이 들어온 것이나 신도시나 외곽지역의 소비력은 무겁지 않아 쉽게 흡수되는 것이다. 실제로 신도시에 생긴 복합쇼핑볼 인근은 부동산 개발이 이루어지지 않는 모습을 보이고 있어 대형 쇼핑몰이 있는 지역의 빌딩 투자는 더욱 조심스럽게 다가가야 한다.

하남에 대한 투자를 이야기한다면 항아리 상권 형식의 상가는 학원과 생활 밀착형 매장은 복합쇼핑몰과 경쟁 상대가 아니기에

역풍시장 인근과 신장사거리

출처: 네이버지도

하남시청역 인근

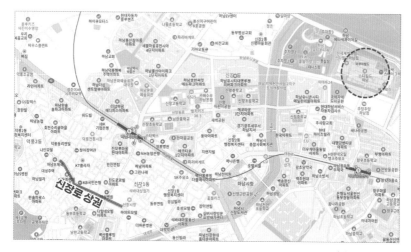

출처: 네이버지도

연관성이 낮아 대로변 역세권보다 사람들이 멈춰 있는 주거지 인근의 빌딩 활용성이 더 높게 보인다. 스타필드와 거리가 있는 구시가지 덕풍시장과 신장시장 인근 신장로 2차선 대로변이 현금흐름이 좋고 임차인이 풍부하고 수익률이 좋아 빌딩 투자에 더 좋은 모습을 보여 개인 투자자에게는 적합한 투자처로 판단된다.

화려하지는 않더라도 오랜 시간 소비가 이루어진 골목으로 지역에 큰 변화가 생기지 않는다면 현재의 모습을 유지할 것으로 예상되는 독립이 가능하며 상권이 위치한 자리도 본다면 스타필드의 위치와 거리가 있음을 알 수 있다.

상권이 가진 구조가 복합쇼핑몰과 다르게 되어 있기는 하나 엘지 베스트샵과 롯데 하이마트가 스타필드와 거리가 떨어진 곳에 위치한 것처럼 굳이 체급이 다른 상대와 같은 링에 올라갈 이유는 없는 것이다. 필자는 아무리 좋은 아이템이라 해도 규모의 경제를 이길 수 없다고 생각한다.

> **체급이 나뉘어진 이유는
> 분명하다.**

PART 4

어떻게
투자하면 좋을까?

그래서
어떻게 투자할까?

투자 유의점 7가지

부동산은 타이밍이다

필자는 부동산 상승론자다. 그래서 언제나 "부동산은 오늘이 가장 저렴하다!"라는 표현을 하곤 한다. 시세보다 저렴하게 매입하는 것이 중요하고 아직 가치를 찾지 못한 부동산을 매입해 밸류에드하는 것도 매우 중요한 내용이나 언제나 망설이고 고민하다가 떠나간 버스만 바라보는 상황보다는 좋은 자리를 적합한 금액에 매수한다면 충분히 기대 이상의 수익을 만들 수 있다고 생각한다.

급매를 잘 잡는 것이 최상이고 썩은 부동산은 피하는 게 최선이나 자신만의 기준 없이 맹목적인 급매만 찾다 보면 결국 좋은 건물의 매수 타이밍을 놓치게 된다. 흔히 말하는 한 끗 차이로 좋은 매물을 놓친 아쉬움으로 유사한 매물을 찾아도 부동산의 특성상 쉽게 만나기 어려운 것이 현실이다.

그래도 이런 경험을 하게 되면 안목이 생겨 현실적인 판단을 빠르게 할 수가 있는데 현장에서 중개업을 하다 보면 쉽게 답변하기 어려운 질문을 하는 사람들이 있다. "성수동에 이 건물처럼 만들 수 있는 매물이 있을까요?" "신사동에 상권이 있는 자리로 어디만큼의 가격으로 살 수 있는 매물이 있을까요?"라며 지나간 시간을 기준으로 매물 문의를 하는 경우다.

부동산은 우상향하는 상품으로 지나간 시간과 같은 가치를 만드는 것은 불가능하다. 심지어 2020년 전후해 빌딩 거래가 활발한 시기에는 빠르게 오르는 가격을 따라가는 게 버거운 수준으로 불과 몇 달 전 가격의 매물도 찾기가 어려웠다. 주택 시장과는 다르게 빌딩 시장은 어느 정도 수입이 받쳐주고 능력이 되어야 진입하는 곳으로, 급매로 매각되는 일부 사례를 제외하고는 생각보다 금액이 쉽게 내려가지 않는 모습을 보인다.

매달 작게는 몇백만에서 천만 단위까지 손실을 보더라도 버틸수 있는 여력이 있기에 상당수 건물은 임차를 맞춰 현상을 유지하려는 모습이 강하다. 그렇기에 급매를 찾기 위해 조사를 하더라도 나에게 적합한 기준의 급매를 찾아야 하고 시장에서 안정성을 갖추고 성장 가능한 매물도 꾸준히 찾아보는 것이 더 좋은 매물을 매수할 수 있는 좋은 방법이라고 할 수 있다.

빌딩에 투자하면서 여러 가지 항목들을 체크하고 분석하면서 100점짜리 물건을 찾는 경우가 있다. 일반적으로 80점이 넘으면 좋은 건물이라 표현을 하는데 큰돈을 투자하면서 기대하고 있는 요소가 충족되기를 바라면서 100점짜리 빌딩을 찾기 위해 노력한다. 하지만 100점짜리 건물이 이미 몇 년 전에 지나간 물건이다. 과거를 참고해서 오늘 좋은 물건을 찾는 것이 가장 좋은 검토 방법이다.

> **빌딩은 오늘을 기준으로
> 미래의 가치를 만들 수 있는 매물이 A급 매물이다.**

양극화는 피할 수 없는 현실이다

시대가 변하고 성장하면서 업종이 변하고 경제와 소비자 선호도 역시 변해가고 있다. 재택근무가 진행되고 원격 근무가 가능하게 되면서 생활 여건도 따라갈 수밖에 없다고 생각이 된다.

이런 변화 시대에 당연하게 따라오는 내용은 부동산 양극화다. 큰 단위에서 서울로 인구들이 모이게 되고 각자의 여건에 따라 경기도 위성 도시의 주택이 직주근접 정도에 따라 개발이 되고 발전되고 있다. 2017년 다주택자에 대한 세금 이슈가 발생하면서 시작된 똘똘한 한 채라는 표현은 2023년 정도부터 상업용 빌딩 시장에 적용해도 무리가 없을 만큼 개인 투자자들 사이에서 중심지 그리고 강남이라는 입지에 대한 선호도가 매우 높게 적용되고 있다.

우리나라의 경우 인구도 줄고 있고 IT 강국으로 산업 발전 속도도 빠르게 진행되고 있다. 더 늦기 전에 빌딩을 매입하고 건물주의 삶을 목표하거나 자녀들에게 안정적인 생활을 선물하려는 매수 움직임은 끊이지 않고 있다. 하지만 모두가 좋은 빌딩을 매입할 수는 없고 해당 상권을 압도할 빌딩 규모를 거래하는 것도 어려움이 많다. 실제 시장에서는 개발 전문가로 여러 명 공동 개발을 진행했으나 수익률도 낮고 매각 타이밍도 놓쳐 버티고 있는 건물들도 적잖이 볼 수 있다. 너무도 뜨거웠던 호황기 이후 갑작스럽게 하락기로 들어가버린 이유도 있겠으나 안을 들여다보면 토지의 가치만 파악하고 활용성을 놓친 경우가 많았다.

주변 시세에 대한 분석과 유동인구와 소비에 대한 수치는 중요하고 필수적인 내용이지만 실제 빌딩의 소비자인 임차인이 어느 정도 단가까지 가능한 것인지는 기준이 되지 않고 상권에서 이 정도 가격으로 장사를 하고 있고 본 건물의 입지가 가진 장점이 있고 신축 건물이기에 몇 퍼센트를 올려서 진행하면 실제 수익성이 이렇게 향상된다는 계산만 있기에 공급이 충분한 상권에서 경쟁력을 만들기 어려운 것이다.

이렇게 엑셀에 담기는 자료를 가지고 상권을 재단하다 보니 건물의 가치가 상권의 입지가 1m 단위로 달라지는 것을 놓친 채 진행하게 된다. 바로 옆에 있는 건물도 사람의 발길이 바로 끊어지기도 하며 조용하던 골목이 어느 순간부터 간판들이 가득한 상권이 되기도 한다.

상권이 발생하는 원인은 소비를 위해 지갑이 열리는 자리이고 임차인들이 수익을 만들 수 있는 자리다. 매우 단순한 내용이나 빌딩을 매입하고 개발하다 보면 임대인의 입장에서 필요한 숫자를 뽑고 좋은 건물을 만들기 위해 집중하다 보니 빌딩에 비용을 지불하는 소비자를 놓치는 경우가 발생한다.

입지를 반복해서 강조하는 이유는 아무리 강조해도 부족함이 없기 때문이다. 역세권, 숲세권, 학세권 등 다양한 입지를 이야기하고 있지만 빌딩을 매입한다면 임차인의 수익세권을 생각해야 한다. 당연히 상가들이 몰려 있기에 누군가는 들어오겠지 하는 생각이 공실 기간을 늘리게 되고 빌딩 보유의 어려움을 만들게 되고 버티기 어려운 상황에 도달하는 것이다. 세상에 나쁜 부동산은 없고 부동산은 지금이 가장 저렴한 것이지만 수익이 발생하지 않거나 나에게 적합하지 않은 건물을 매입하게 되는 상황은 피해야 한다.

부동산에 대한 양극화를 지역으로 생각하면 서울 집중, 강남 집중이라고 크게 생각할 수 있다. 그러나 시장에서 소상공인들이 살아남기 어려워진다는 것은 빌딩을 가지고 있는 소유주도 함께 어려운 상황에 처하게 되는 것이다. 이렇게 같은 상권에서도 사람들이 소비 없이 지나가는 거리, 경쟁력 없는 전용면적 등 다양한 사유를 가지고 함께 검토하지 않는다면 경쟁력 없는 빌딩에 투자할 가능성이 높아진다. 인구가 줄고 상권의 변화가 다양해지면서 내실을 갖춘 빌딩을 찾아 좋은 입지와 함께 소비자(임차인)에게 외면받지 않는 투자를 하는 것이 무엇보다 중요한 시기다.

> **유사한 입지에도**
> **빌딩이 갖춘 경쟁력으로 양극화가 발생할 수 있다.**

그래서 어떻게 투자해야 할까? 지금까지의 이야기한 내용을 바탕으로 7가지의 기준을 세워보았다.

투자 유의점 1

그래도 이쁜 건물을
사고 싶어요

빌딩을 매입하면서 몇 가지 요점들에 매료되어 판단을 시작하는 경우가 있다. 선호하는 지역에 빠져서 "나는 청담동만 검토합니다." "신사동이 아닌 곳은 싫어요."라며 단호하게 요청하는 경우들을 가장 많이 접한다. 또 아름답게 지어진 건축물 샘플을 예로 들면서 이와 유사한 느낌의 건물을 찾기도 한다.

빌딩에 투자하기 위해선 리스크를 낮추면서 수익성을 올리는 것이 가장 큰 목적이다. 이 기본을 놓치는 경우라고 할 수 있다. 특히나 빌딩 디자인에 있어 어떤 경우에는 실사용의 효율성을 포기하고 들어가는 사례가 있을 정도로 개인적인 취향의 내용이다. 즉 내가 사용을 한다면 디자인의 가치를 활용할 수 있겠으나 향후 매각하거나 임대차 진행을 해야 할 때 가치를 인정받지 못하고 오히려 매각 금액이 깎여서 거래되는 경우도 발생할 수 있다는 것도 반드시 염두하고 진행해야 한다.

부동산의 어려운 부분 중 하나가 환금성인데 보편적으로 원하는 디자인이 아닌 개성이 강한 아름다움이라면 거래 가능성은 상대적으로 낮아진다. 심지어 직접 사용하지 않고 임대 수익을 기대하고 빌딩 투자를 한다면 절대 독특한 개성을 넣으려 하지 않는 것이 좋다. 외관이 화려한 빌딩에 관심을 보이고 임차를 생각하던 고객이 내부에 들어가 창문이 몇 개 없고 크기도 작다며 실망하는 경우도 있기에 효율성을 포기하는 디자인은 더 심도 있게 고민하고 결정해야 한다.

하지만 개성 있는 디자인이 힘을 받는 입지가 따로 있는데 대부분 매수자가 생소한 상품과 한적한 골목에 매수를 결정하지 못하는 모습을 보인다. 디자인이 개성 있다면 부동산도 자신만의 개성을 갖춘 입지와 어울리는데 빌딩 매수자는 사람이 많은 입지에 개성을 원하고 있다.

토지의 특징을 잘 살려 예쁘고 독특한 빌딩 디자인이 적용되는 부동산 입지는 강남을 기준으로 역세권이나 상권이 없어 상가 운영이 쉽지 않은 낮은 용도지역 골목에 있다.

유재석 씨가 매입한 부동산 인근에 있는 1종일반주거지역에 있는 수려한 디자인의 빌딩이 있는 골목이다. 예전에는 식당가로

학동역 인근 1종일반투거지역

출처: 카카오맵

활용되던 저층 빌딩을 새롭게 신축해 활용하고 있으며 1층 상가의 임대료보다는 건물 전체 임대료를 상승시켜 수익성도 성공적으로 만든 사례다.

사진에서 보듯이 1층은 필로티 구조로 상업시설에서 나오는 월세는 설계부터 생각하지 않은 것을 알 수 있다. 식당이 장사가 안 되는 위치는 아니나 상권 형성이 없어 실제 임대료가 높지 않은 것도 1층을 포기하고 건물의 효율성을 선택하는 이유다.

이렇게 건물을 지을 수 있는 특징이 어떤 것이 있는지 필자가 정의를 내리면 100평 이상의 토지에서 높은 층고와 탁 트인 내부 구조를 갖추어야 한다. 좁은 토지에 전용면적도 작은 건물은 효율성이 떨어져 임차수요가 풍부하지 못해 공실 리스크가 상대적으로 높은 문제가 있다.

실제 빌딩 안으로 들어가면 대부분 노출 천장으로 더 넓은 느낌을 주게 설계되어 있으며 지하는 4m 층고에 선큰(sunken)의 크기를 충분하게 외부 계단을 만들어 지상과 같은 느낌을 만든다. 경사진 땅을 활용해 지하 1층을 외부로 노출시키고 지하 2층에 선큰을 만들어 활용하는 설계를 선호한다. 이 정도 규모의 건물을 만들기 위해선 토지의 크기가 최소 100평 이상 있어야 가능하다.

그리고 직원들의 지하철 출퇴근이 가능한 입지로 250평 전후의 사옥을 찾는 수요가 많은 곳에 형성되어 있다. 대부분 사람이 한적하게 있어 조용한 골목으로 약 300평 전후의 사옥을 찾는 수요가 많은 지역에 형성되어 있는 빌딩 상품이다. 임대료는 연면적 기준 평단가 20만 원 수준으로 전용률을 생각하면 대로변 빌딩과 맞먹는 높은 단가로 운영되고 있다.

이렇듯 조금은 다른 입지의 활용성이 가능한 곳에서 개성 있는 디자인의 건물이 가능한 것이고 누구나 좋아하는 상권에서는 보편적 디자인으로 안정적인 효율성을 만들어야 한다. 부동산도 입지에 따라 어울리는 옷을 입을 때 가장 높은 성과를 만들 수 있는 것이다.

**부동산마다
맞는 옷이 따로 있다.**

투자 유의점 2
안정적인 임대차에
진행 중인 급매?

수많은 매수 고객과 상담을 하면서 좋은 입지의 우수한 수익성을 찾고 안내해드리는데 간혹 "수익률이 잘 나오는 급매는 없을까요?"라는 질문을 받으면 어떻게 답변을 드려야 할지 어렵다.

누구나 모든 것을 갖춘 빌딩을 매입하고 싶어 하지만 모든 것을 갖춘 빌딩의 건물주가 급매로 매각을 할 이유는 없다. 조금만 저렴하게 매각해도 바로 팔릴 수가 있어서 정말 보기 어려운 조건이 생기지 않은 이상 매도자의 입장에서는 급하게 매각할 이유가 없는 것이다. 좋은 빌딩은 시세에 맞춰서 사는 것이고 아쉬운 내용이 있는 빌딩은 시세보다 저렴하게 매입하는 것이 기본적인 시장의 논리이며 여기서 추가로 좋은 조건을 찾는 방향을 잡아야 우수한 매물을 계약할 확률이 높아진다.

부동산은 잘못된 물건을 골라낼 수 있는 역량만 있다면 지금이 가장 저렴한 시점이기에 시간만 흘려보내고 과거를 돌아보며 "아! 그때 저 매물을 계약하는 게 맞았는데." 하는 아쉬움을 피할 수 있다. 그렇다고 적당히 좋은 빌딩을 빨리 사야 한다는 뜻은 아니다. 우수한 빌딩 매물을 나의 조건과 맞춰서 판단하고 가치 상승을 최대치로 올릴 수 있는 매물을 거래해야 수익을 만들 수 있는 것이다.

이제는 부동산 시장도 예전 느낌의 폐쇄성이 사라지고 조금만 관심을 갖는다면 정보를 얻을 수 있는 시장이 되었다. 많은 거래가 일어났고 그로 인한 가격 상승세가 가파르게 올라 수익성과의 비대칭이 만들어진 상황이다. 그리고 이런 시장으로 인한 후 폭풍은 보이지 않는 곳에서 진행되는 중이다. 시장에 알려진 내용도 있으나 아직 건물주 혼자 조용히 버티고 있는 빌딩이 더 많을 것으로 예상된다.

어려움에 손해를 보고 매각을 진행해 거래되는 경우를 급매로 표현되어 유튜브 등에 소개가 되는데 이런 매물도 내가 아무것도 할 수 없다면 유사한 흐름을 보이게 될 가능성이 높다. 부동산의 특성상 독립적인 가격은 정해지기 어렵고 상대적 단가를 기준으로 하다 보니 옆에 물건보다 싸게 다른 사람보다 저렴하게 매입하는 급매를 쫓다 보면 중장기적인 안목을 놓치는 경우가 있다.

설령 단기 매각을 추구한다 하더라도 나는 저렴하게 매입했지만 엑시트를 하기 위해선 다시 기존 가격대로 누군가 매수해 줘야 가능하다. 이것이 이루어지지 않아 내가 낮은 가격으로 매입을 했던 것이니 이 역시 논리적으로 수익 실현의 가능성이 낮아진다.

가격은 무엇보다 중요하고 최우선 항목이라 할 수 있으나 여러 가지 항목이 함께 어우러져야 하는 빌딩은 가장 우선이 되는 포인트를 잡았다 하더라도 이 한 가지 장점이 다른 항목들을 모두 긍정적 효과로 끌어 올릴 수 있는지 함께 검토해야 한다. 반대로 가격이 높더라도 다른 장점들이 높은 가격을 받쳐줄 수 있는 빌딩이라면 그것이 좋은 가격이 되는 것이다.

미디어에서 내보내는 "여기서 이런 가격은 없습니다." "지금이 급매를 살 수 있는 시점입니다." 하는 홍보성 문구에 관심을 보이기보다는 운영 수익과 시세차익이 가능한 빌딩을 선택해야 성공한 투자가 된다.

> **풀지 못하는 숙제를 가진 급매는 매력이 없다.**

투자 유의점 3
장점보다는 단점을 보고 판단하라

사람은 물건을 구매하거나 서비스를 받기 위한 선택을 하는 경우 해당 상품의 우수성을 보고 유사 제품들이 가지고 있는 장점과 비교해 소비를 결정하는 것이 일반적이다. 빌딩에 투자를 판단하는 경우 기본적으로 주변 시세와 비교하고 지하철역 거리와 유동인구는 얼마나 되는지 그로 인해 주변 임대료 시세는 어떻게 되는지 상권과 로케이션에 대한 부분을 비교하고 빌딩이 있는 경우 건축물의 가치도 함께 검토하며 비교하며 좋은 점을 찾아본다. 더 나아가 빌딩 운영에 안정성은 있는지 미래 가치가 더 상승해 재산 증식에 도움이 되는지 리스크에 대한 고민을 하게 된다.

하지만 로케이션만 보더라도 어떤 경우는 필요하고 상황에 따라서는 다른 장점들이 보완해주기도 한다는 것을 알고 있음에도 사람들은 심리적 만족감에서 나오는 편안함이 주는 결정은 어쩔 수 없는 것 같다. 앞에서 이야기했던 빌딩이 주는 가치보다 지역에 몰입해서 결정하는 경우도 이런 경우를 말하며, 좋아하거나 좋아 보이는 2~3가지의 내용에 만족해 결정하면 생각하지 못했던 문제점에 부딪히고 실마리를 풀지 못해 어려운 상황에 봉착하게 된다.

필자가 수많은 빌딩을 분석하고 부동산 수익을 고민하면서 검증하는 방식이 단점을 먼저 보는 방법이었다. 장점이 좋아 긍정적 내용만 본다면 빌딩 검토의 균형을 놓치고 미래에 대한 청사진만 펼쳐지기 때문이다. 모든 빌딩은 장점과 단점이 공존하고 이것의 밸런스를 잘 맞추는 것이 빌딩 운영의 기본이다. 그러니 단점을 보고 판단을 한다면 어느 한쪽으로 치우치지 않고 더 안정적인 수익구조를 만들 수 있게 된다.

이 방법 역시 모든 빌딩에 적용 가능한 방법은 아니다. 한 가지 장점으로 모든 단점을 커버하기도 하는 것이 빌딩 시장이다. 빌딩이라는 상품이지만 보편적 매물에서 선택하고 공통분모가 많아 환금성을 중요하게 생각하고 있다면 이 매물이 가지고 있는 장점이 주는 힘을 통해서 단점의 효과가 없어지게 만들 수 있거나 새롭게 개발해서 좋은 상품으로 만들어내는 것이 훌륭한 가치 투자가 되는 것이다.

빌딩 중개 업무를 하다 보면 예전 상담을 했던 고객이 어려움이 있어 오랜만에 다시 찾아오면서 "좋은 줄 알고 샀는데 운영을 해보니 이런 현실에 부딪혔습니다. 어떻게 해야 좋을까요?"라는 분들이 많다. 이건 필자만의 경험이 아니고 여러 중개사가 경험하는 일이다. 매수한 빌딩을 받아 검토하면 대부분이 이 밸런스를 생각하지 않고 한쪽 면만 좋아서 계약한 경우들이다.

그리고 이렇게 찾아오신 고객에게 해결 방법을 제안하기가 매우 어려운 것이 현실이다. 부동산이란 상품은 제한적인 성향이 있기에 다른 중개업소에서도 긍정적 답변을 얻지 못하는 것은 비슷하다. 투자라는 것이 리스크를 동반하기에 어쩔 수 없이 이겨내야 하는 내용이기는 하나 최소한 빌딩이 가지고 있는 조건을 다각도에서 검토하고 판단을 한다면 반짝이는 장점에 의한 실수는 줄일 수 있게 된다.

> **단점이 없는 빌딩은
> 좋은 가격으로 매각이 가능하다.**

투자 유의점 4

가짜 리스백과 임대료

2023년 하반기부터 2024년 상반기까지 중소형 빌딩 거래 이슈 중 하나가 빌딩 매입을 했는데 빌딩 전체를 사옥으로 사용하던 임차인이 소유권 변경으로 인한 계약해지를 요구하고 빠져나가 월 수익이 0원으로 손해를 보고 있다는 내용이다.

시장에서 실패 사례를 찾아 자극적인 콘텐츠를 만드는 유명 유튜버는 이것은 물건을 거래하기 위해 만들어진 내용으로 '사기'라는 자극적인 표현으로 관심과 클릭을 유도하는 모습도 보였다. 무엇을 위해 이렇게까지 표현을 하는지 전혀 모르는 것은 아니나 실제 시장에서는 흔치 않은 현상이다. 그리고 무엇을 탓하기보다는 법률적인 내용으로 어떻게 하면 유사 리스크를 예방할 수 있는

상가건물 임대차 보호법

> **상가건물 임대차보호법** (약칭: 상가임대차법)
>
> [시행 2022. 1. 4.] [법률 제18675호, 2022. 1. 4., 일부개정]
>
> □ **제3조(대항력 등)** ① 임대차는 그 등기가 없는 경우에도 임차인이 건물의 인도와 「부가가치세법」 제8조, 「소득세법」 제168조 또는 「법인세법」 제111조에 따른 사업자등록을 신청하면 그 다음 날부터 제3자에 대하여 효력이 생긴다. 〈개정 2013. 6. 7.〉
>
> ② 임차건물의 양수인(그 밖에 임대할 권리를 승계한 자를 포함한다)은 임대인의 지위를 승계한 것으로 본다.
>
> ③ 이 법에 따라 임대차의 목적이 된 건물이 매매 또는 경매의 목적물이 된 경우에는 「민법」 제575조제1항 · 제3항 및 제578조를 준용한다.
>
> ④ 제3항의 경우에는 「민법」 제536조를 준용한다.
>
> [전문개정 2009. 1. 30.]

지를 알아보는 게 더 중요하다.

보통 빌딩의 임차인은 여러 명으로 이루어져 있으나 중소기업이 모여 사무실 상권으로 있는 강남권을 비롯해 마포 등에서 단일 임차인 사옥에서 발생하는 상황으로 세부 내용을 확인하면 합리적인 예방을 할 수 있다.

건물의 매매와 함께 임차인이 계약 종료를 주장할 수 있는 내용은 「상가건물 임대차보호법(상가임대차법)」 제3조 대항력에 관련된 조항으로 공평의 원칙 및 신의성실의 원칙에 해당하는 내용으로 기본적인 의무와 책임은 임대인이 지게 하고 있다.

「상가임대차법」은 2002년에 만들어졌으며 임대인의 지위를 승계한 것으로 본다는 내용은 임차인을 보호하기 위해 기존 임대차 계약의 변경을 할 수 없다는 내용으로 임대인의 의무다. 그리고 소유권 변경 시 임차인의 계약 해지권에 대한 기존 판례들을 보게 되면 임대차를 유지하는 데 현격한 문제가 없다면 임차인은 해지를 주장할 수 없다 라는 판결이 임차인이 원하지 아니하면 임

경매개시이의 신청기각

출처: 국가법령정보센터

대차 승계를 임차인에게 강요할 수 없는 것으로 임차인의 해지는 정당하다는 것이 공평의 원칙이다 라는 판례가 현재 기준이 되고 있다.

유사한 판례와 「주택임대차보호법」을 인용한 것 등 여러 주장이 있으나 필자는 그렇다고 이 내용이 확정적 문구라고 보기에도 어려운 내용이라는 생각도 있다.

서울시에서 발행한 상가임대차 상담 사례집으로 위 파란 줄의 내용은 단순 변경의 이유만으로 임대차 계약을 해지할 수 없다고 했으나 아래 빨간 줄의 내용을 보면 임대차 관계를 지속시키기 어려운 배신적 행위가 있다면 그때 임차인은 임대차계약의 종료를 주장할 수 있다고 되어 있다.

필자의 개인적 의견으로 어떠한 구체적 명시도 없는 내용으로 배신적 행위가 무엇인가를 생각하면 결론은 '공평의 원칙'이다. 매수자 즉 새로운 임대인은 건물을 매입하며 임차인의 명도를 요

상가임대차 상담 사례

출처: 2003 서울시 상가임대차 상담사례집

청하거나 임대차 승계를 선택할 수 있듯이 임차인에게도 선택의 기회가 주어져야 한다는 뜻으로 해석된다. 그렇다면 매도자는 임대차 계약 시 특약*으로 자신의 권리를 보호하고 매수자는 계약을 진행하며 임차인에게 '임대차 계약 승계 동의서'를 받아주는 것으로 매도자에게 요청해 결론적으로 임차인이 원하지 아니하는 매매가 아님을 서류로 남기면 될 것으로 보인다.

아직 판례가 나오거나 명확한 법률적 해석이 있는 것은 아니기에 필자의 의견이 정답이라고 주장까지는 할 수 없으나 위와 같

• 특약: 임차인은 본 건물의 매매계약으로 인한 소유권자(임대인)가 변경된다 하더라도 본 임대차 계약이 동일하게 진행될 경우 임대차 계약 승계에 동의하며 이의제기를 하지 않는다.

임대차 계약 승계 동의서

임대차 계약 승계 동의서

아래 소재지의 부동산은 매매 계약에 의한 소유권 이전으로 0000.00.00 일자부터 ○○○이 임대인의 지위를 승계하는데 동의하며 현재 임차중인 목적물의 임대인 승계를 이유로 임대차계약의 중도해지를 요구하지 않기로 한다.

- 임대목적물

주소	
임대한 부분	
면적	

- 임대차 계약 내용

임대인		
임차인		
임대기간		
보증금		월차임

:

이하 생략

은 내용을 준비한다면 사고를 예방도 할 수 있고 사전에 임차인과의 대화로 기존 임대차 관계도 볼 수 있어 원만한 계약이 될 것으로 생각된다.

필자가 위와 같은 사건에서 말하고 싶은 내용은 2가지다. 임차인이 누구인지도 중요하지만 현재 진행되는 임대료가 주변 유사 매물의 임대료와 비슷한 단가로 진행되고 있는지 확인하는 것이 안정적 임대를 생각할 수 있는 것이다. 당장 임차인이 유지되더라도 주변 대비 현저히 높은 금액이라면 계약기간 종료 이후 동일 조건의 새로운 임차인을 구하는 것이 어려울 것이고 시세 수준의 임대료를 받고 있다면 현 임차인이 해지를 요구해도 신규 임차인을 구하는 난도는 특별하게 어렵거나 하지 않을 것이기 때문이다.

그리고 또 하나는 한쪽 방향만을 주장하는 사람의 결론을 보기보다는 그 논리를 들여다보는 것을 추천한다. 신문기사로도 접할 수 있는 내용으로 시대적 흐름상 자극적 기사에 대한 이해를 전혀 못 하는 것은 아니나 투자자의 입장에서는 단순 결과가 아닌 논리를 찾아 보편적 검토를 해야 할 것이다.

> 막연한 희망론도 자극적 하락론도
> 치우치지 않은 평평한 검토가 중요하다.

투자 유의점 5

들어가지 못하는 지역과
들어가면 안 되는 지역

빌딩을 거래하며 어떤 곳이 좋은지 어떤 매물이 나에게 적합한지 반복해서 여러 가지 시각으로 이야기를 하고 있다. 생각해보면 어떤 것이 기준이고 어디가 좋은지 나쁜지에 대해 명확히 구분하지 않은 이유는 좋은 빌딩이란 어떤 상권에서 어디에 위치해있고 어떤 역할을 하는 건물인지 그리고 내가 보고 있는 지역에서 발생하는 소비력은 언제까지 지속이 가능한지 생각하고 검토해야 할 항목들이 너무 다양하기 때문이다.

얼마 전 부동산에 일가견 있는 지인이 성남에 있는 상업지역에 대한 문의가 있었다. 위치는 지하철 수인분당선 태평역에서 이어지는 상업지역으로 지하철역에서 도보로 15분이 넘게 들어

태평역 주변

출처: 네이버지도

가는 자리로 나름 대로변이고 인근에 성남시의료원도 있어 건물을 높게 올려서 병원을 임차해 클리닉빌딩을 만들면 어떨 것 같냐는 물음이었다.

위치가 나오는 지적도에서 보듯이 태평역에서 우측으로 상업지역이 길게 이어져 있어 개발하게 되면 용적률 800%까지 가능해 멋진 건물을 올릴 수 있는 입지였다. 또 성남시에서 오래된 상권으로 프랜차이즈도 들어와 있고 배후 주거지에 인구도 많으며 연령도 높아 병원으로 임대를 맞추고 1층에 약국을 하기에 적합한 건물로 판단이 되는 입지의 토지였다. 그리고 인근에 위치한 중형 종합병원인 성남시의료원이 있어 인근 개인병원의 밀집도 역시 높게 형성되어 있어 병·의원으로 부족함이 없던 자리에 부동산 단가도 저렴하게 가져올 수 있다며 살짝 상기된 목소리로 질문을 받았었다.

하지만 필자는 "모두 맞는 이야기지만 나라면 신축을 고려하지 않겠다."라는 답변을 주었다. 이유는 역 간 거리가 있어 상부층에 업무시설이 들어오기 어려워 병원이 아니라면 목표하는 임대가를 맞춰줄 수 있는 임차인을 구하기 어려울 것이고, 매입을 하려는 사람이 의사들과 연관도 낮은 직군으로 단단하게 당겨올 임차인이 부족하기 때문이었다. 그리고 주변 건물들을 보면 신축이 아니어도 적당한 건물에 리모델링만 진행해도 합리적인 임대료로 개원이 가능한 건물들이 여러 개 보였기 때문이다.

대로변 상업지에 개발이 안 된 건물들로 길게 이어져 있는 이유는 임대료와 수지가 맞지 않아서일 것으로 그 내용을 먼저 검토하고 매입을 생각하는 것이 순서라고 하면서 해당 건물은 다른 사람이 개발을 목적으로 매입을 했다가 손해를 보는 상황인 이유가 앞에 설명한 부분과 무관하지 않을 것이라고 답변했다. 병원을 운영할 오너테넌트가 있거나 내가 신축한 빌딩의 상당 부분을 직접 운영할 계획이 있다면 무조건 A급 매물로 이야기를 할 수 있지만 높은 비율의 대출로 개발을 하고 확정 임차사가 없다면 나에게 적합한 매물이 아니고, 말 그대로 도박이다.

2022년부터 부농산 시장의 후퇴기가 오면서 개발을 계획했던 매물들이 손해를 보더라도 빠른 매각을 목적으로 시장에 다시 나오며 급매로 거래가 되는 사례가 있다. 오너테넌트로 직접 사용을 할 수 있다면 매우 적합한 매물로 빠른 결정이 필요하나 시세 차익을 노리고 들어간다면 내가 살릴 수 있는 것인지 아니면 시장에서 살아날 수 있는 조건을 갖추고 있는지 살펴보아야 할 것이다.

그리고 시장에서 살아날 수 있다면 급매로 나올 가능성은 낮을 것이라 생각된다. 즉 내가 살릴 수 있거나 안정기까지 버틸 수 있어야 급매로서의 가치가 발생하는 것이다.

좋은 가격에 잡아도
내가 들어갈 수 없는 매물을 필터링해라.

투자 유의점 6

성공한 투자자도 로직이 없다면 따라하지 마라

부동산 시장에는 많은 전문가가 있다. 크게 2가지, 상승론자와 하락론자로 나뉘는 것을 볼 수 있는데 양쪽 모두 합당한 근거를 가지고 논리를 펼치곤 한다. 심지어 같은 상승론을 주장하더라도 결론을 보게 되면 "어? 이거 아닌데…" 하는 생각을 드는 경험도 하게 된다. 하지만 모두 필요한 내용이고 부동산 공부에는 정도가 없기에 여러 가지 사례를 공부하는 것이고 자신만의 기준으로 전달하는 다양한 강의도 필요하다.

다만 중요한 것은 앞에서 표현하는 강연의 결론이 아닌 과정, 즉 그렇게 되는 논리를 봐야 한다는 것이다. 이것은 나의 부동산 멘토가 알려준 내용으로 부동산은 예측이 아닌 대응의 시장이기에 미래를 준비하고 공부는 하면서 결론을 만들어주는 논리를 따라가야 자신만의 대응법을 익힐 수 있다고 했다. 필자는 이 표현이 모든 부동산을 공부하는 방법의 기본이 아닐까 생각한다.

이렇게 전문가의 강의를 보면서도 결과물이 아닌 과정과 논리를 봐야 자신만의 지식이 될 수 있는 것이다. 시장에서는 공격적 투자로 성공을 이루어 주변 사람까지 함께 유도하는 사람들이 있다. 그리고 이런 영웅담은 사람의 귀를 빠르게 매료시켜 다양한 투자자를 양성하는데, 이렇게 뒤에 따라가면 생각하지 못한 어려움이 아닌 전혀 준비되지 않은 나를 만나게 된다.

부동산은 상승 자산이고 타이밍이 좋다면 엄청난 부를 만들어 줄 수 있지만 반대로 환금성이 약하기에 한번 잘못 꽂은 깃발은 내가 빼고 싶어도 뺄 수가 없기에 성공의 논리를 나에게 그려보고 내가 할 수 있는 것인지 판단해야 한다. 하지만 이런 내용을 배제하고 저렇게 하면 성공하는구나 형식의 기준으로 부동산 투자 성공사례만 보고 움직인다면 필자는 잠시 숨 고르기 하는걸 추천한다.

그렇다고 부동산 투자를 움츠린 시각으로 보라는 이야기도 아니고, 하지 않아야 된다는 표현도 아니다. 많은 사람 앞에서 대화하면 이분법적 질문을 받는 경우가 있어 조심스러운 이야기이나 부동산 투자는 해야 하는 것이고 할 수 있다면 빨리 해야 하는 것이다.

부동산은 안정자산이고 현금 흐름도 좋기에 당장 할 투자를 망설이라는 이야기는 아니다. 빌딩을 매입하고 부동산 개발 투자를 하는 데 성공사례 하나만 보고 움직이면 리스크가 크다는 것을 말하는 것이다.

그리고 항상 나를 알아야 좋은 투자를 할 수 있다. 나만의 논리가 있어야 부동산에서 매물을 소개받아도 자신의 기준을 말하고 그 범주 안에서 최대한 좋은 매물을 찾는 것이 나에게 가장 좋은 A급 매물인 것이다.

> ## 부동산 성공의 논리를 배우고
> ## 대응력을 강화하라.

투자 유의점 7

충분히 생각하고
과감하게 실행하라

빌딩을 거래하기 위해선 다양한 요소를 통합적으로 고려해서 판단해야 한다. 움직이지 않는 부동산과 살아 숨 쉬는 상권 그리고 어떤 소비가 함께 하고 있는지까지 통계만 가지고는 판단도 어렵고 유사 사례가 현재 진행형인지 과거형인지도 쉽게 판단하기가 어렵다. 그렇다고 차일피일 결정을 늦추다 보면 좋은 매물은 다 나가고 전에 이런 매물을 놓쳤다며 아쉬운 시간만 보내게 된다.

그렇다면 어떻게 해야 하는가? 빠르게 결정을 하기도 심사숙고해서 결정을 하는 것도 방법이 아니라면 정확한 해답은 어디에 있는 것인가? 이런 질문에 항상 말씀드리는 이야기가 필자의 고등학교 시절 급훈이다.

숙려단행(熟慮斷行)
'충분히 생각한 뒤에 과감하게 실행한다'라는 뜻으로, 가훈(家訓)이나 좌우명(座右銘)으로 많이 사용되는 말이다.

출처: 두산백과

모든 투자가 그렇겠지만 부동산의 종합예술인 빌딩에 대한 판단을 위해선 "충분히 생각하고 과감하게 실행해야 한다." 정말 좋은 A급 매물이 나와도 내가 잘 알지 못한다면 그것은 매수할 빌딩이 아닌 것이다. 빌딩 거래를 위한 필수 조건 중 하나가 매수자의 확고한 의지인데 내가 어떤 모습의 상품을 사고 싶다는 기준이 없다면 확실한 행동이 나오기가 어렵다.

그렇다고 홍보물만 보고 투자를 결정하기에는 최소 몇십억에서 백억 대 금액은 그 누구에게도 가벼울 수 없는 무게다. 그렇기에 자신의 생각을 주장하고 궁금한 부분을 질문할 수 있어야 좋은 빌딩을 살 수 있다고 생각한다. 기간이 짧게는 몇 주가 필요할 수도 있고 길게는 1~2년이 걸려서 매물을 찾을 수도 있다. 당연히 기간이 길어지면 매물들이 흘러 지나가는 것이고 빠르면 깊은 생각의 시간이 부족할 수 있다.

필자가 이 책에서도 이쪽에서 보면 좋은 상권이고 저쪽에서 보면 좋게만 볼 수 없는 상권이라는 표현을 하는 것도 첫 번째는 나에게 적합한 매물을 잡아야 하기 때문이다. 나의 자금과 투자 경험, 직업과 소득 등 복합적인 상황에서 빌딩에 집중할 수 있는 정도를 알아야 적합성을 판단할 수 있다. 그렇게 나와 맞는 건물의 콘셉트를 잡았다면 찾는 매물에서 가장 좋은 매물을 만났을 때 과감한 실행을 할 수 있게 된다.

모든 기회는 준비된 자에게 온다는 이야기가 있듯이, 빌딩이라는 큰 금액이 투자되는 부동산에 관심을 가지고 있다면 단단한 준비가 필요하다. 다양한 매물과 상권에서 나에게 필요한 내용을 찾아 질문할 수 있도록 준비를 해야 한다. 그래야 나만의 질문을 통해 내가 투자하려 하는 상품에 더 깊이 있는 이해를 가질 수 있는 것이다. 다양한 경제 지식을 통해 시장을 통해 배우고 준비해서 많은 사람이 훌륭한 빌딩을 소유하기를 바라며 부동산은 언제나 매력적인 투자처이고 가장 안정적인 자산이기에 가능하다면 소유하기 위해 노력을 하는 것이 옳다고 말씀드린다.

> **준비하고 신호가 왔다면
> 출발하라.**

계약 전
이것만 명심하자
투자 시 주의사항

현장 답사를 거부한다

빌딩 거래를 하다 보면 매도자가 빌딩 답사를 거절하기도 한다. 현 임차인들이 매도를 모르고 있어 잔금까지 수개월 동안 임차인과의 관계를 조용히 보내고 싶다는 이유다.

하지만 매수자 입장에서 이런 상황들이 보통 난처한 것이 아니다. 이런 이야기는 보통 계약하기 위해 만난 자리에서 갑자기 나오는 경우가 많기 때문이다. 매수자는 서류만 확인한 뒤 거래하려고 마음먹은 상황이고 계약금을 지불하기 위한 자금도 준비했기에 계약을 안 한다고 하기도, 아무렇지 않게 알겠다고 하기에도 애매한 상황이 된다. 사고 싶은 빌딩을 찾는 것도 쉬운 일이 아니니 가능하면 검토한 내용에 맞춰 거래하고 싶어지는 것이 사람의 마음이라 알았다고 하며 넘어가는 경우가 있으나 절대 그렇게 하면 안 된다.

빌딩의 내부를 꼼꼼하게 보지 못한다면 눈으로 확인할 수 있는 하자임에도 매도자와 바로 해결하지 못하기도 하며, 이전 임대인과 임차인 사이에서 생긴 문제가 매수자에게 그대로 넘어오기도 한다. 이런 상황을 방지하기 위해서 잔금 전 일정 기간을 잡아 매도자에게 임차인 소개 및 내부 답사를 요청해야 한다.

실제 2주 정도 기간이라면 매도인은 임차인과의 관계를 정리해야 하는 시점이고 매수자도 문제 확인 시 수정 요구를 할 수 있는 시간이다. 만약 이것조차 거부한다면 원인을 정확하게 들어야 한다. 빌딩마다 이유가 다르고 각자의 사연이 있어 수긍할 만한 이유가 있을 수도 있으나 그렇지 않은 경우가 발생할 수도 있어 대비해야 한다. 또 임차인을 그대로 이어받는 포괄양도양수 계약의 경우 갑작스러운 임차인의 계약 해지 통보를 방지하기 위해 임대차 승계 서류를 작성해야 하기도 하고, 소유주 변경에 따른 임차인의 변화 위험을 매수자가 온전히 받게 되는 상황은 만들지 않는 것이 좋다.

물론 대부분 빌딩이 이런 경우가 드물고, 임차인이 여럿이라면 계약해지 요청의 가능성도 낮아 보통 자연스럽게 계약의 흐름이 이어져 잘 마무리되는 것이 일반적이다. 그러나 매도자가 명확한 이유 없이 답사를 거부한다면 매수자의 권리를 주장해 추가특약을 기재하거나 합리적인 절충으로 원만한 계약을 만들어야 한다.

숫자가 없는 계약서는 없다

부동산 계약을 하다 보면 꼼꼼하게 챙겨야 하는 내용들이 많다. 특히 빌딩 계약은 첫 계약일 때도 있고, 주택과는 다르고 살면서 여러 번 하는 경우도 적어 막연히 사기를 걱정하며 상담을 진행하는 사람들도 있다.

빌딩 PM(Project Management)을 의뢰하면서 익숙하지 않은 용어와 서류 내용에 자문하는 분들에게 개인적으로 간단하게 답변하며 이렇게 말한다. "부동산 계약에 있어 숫자가 빠진 서류는 취급하면 안 된다!" 부동산 계약만의 이야기가 아니다. 돈이 들어가는 모든 계약서에서 숫자가 적게 보인다면 왜 그런지 원인을 들여다봐야 한다.

빌딩 계약서만 보더라도 계약금, 중도금, 잔금, 계약일, 위약금, 임대료 등 숫자로 정확한 날짜와 금액을 기재한다. "잔금의 지급은 가을 정도에 하기로 한다."라고 적혀 있는 계약서를 생각해본 적이 있는가? 당연히 아무도 없을 것이다. 그런데 계약서에 날짜는 명시하나 어떤 사유를 들어 기한을 정하지 않고 연기하게 만드는 경우가 있다. 이런 경우 날인했기에 상대방이 의도한 대로 끌려가며 이자에 대한 부담이 늘어나 어쩌지 못하는 건물주를 본 적도 있다. 간혹 대화를 이어가며 숫자가 안 보이게 넘기는 일도 있는데, 매도자와 매수자 모두 계약서에 있는 숫자를 정확하게 보아야 한다.

"아니, 바보도 아니고 누가 그래?"라고 생각하겠지만 "나는 절대 안 그래." 하고 장담할 이야기도 아니다. 실제로 대화하며 사인하고 설명을 들었으니 괜찮으리라 생각하는 사례가 적지 않다. 또 사기를 치려고 마음먹었다면 사기꾼은 서류 진행을 이유로 들어 자금 집행이나 계약 이행을 요구한다. 만약 소송으로 가더라도 증빙 서류가 될 수 있어 애초에 쌍방 책임을 어느 한쪽으로 치우치도록 내용을 작성하기도 한다. 이런 이유로 위약에 대한 내용과 숫자를 명확하게 적어서 향후 분쟁을 대비해야 한다.

부동산 계약은 돈이 넘어가면 서류가 와야 하고 잔금을 치르면 명의가 넘어오는 게 정상이다. 임차인의 임대료 지연에 대한 이자가 발생한다면 임대인은 보증금 반환 지연에 대한 이자가 동일 이율로 발생하게 작성하는 것이 부동산 계약서의 기본이다. 돈이 넘어가면 '동시이행'해야 하는 것이 있고 한쪽에 위약벌 조항이 있으면 다른 한쪽도 동일한 위약벌 조항이 들어가는 '쌍방거래' 이 2가지가 기본임을 기억하면 된다.

강조하지만 금전이 오가는 계약서는 숫자로 시작해서 숫자로 끝나는 것이 기본이다.

최소한 네이버 부동산은 살펴보자

부동산 시장은 매우 폐쇄적인 시장이다. 그렇기에 쉽게 접근하기 어려운 정보의 비대칭이 일어났고 관련업에 종사하는 내부자들이 정보를 독점했다. 이런 현상들로 허위 매물이 판을 치고 무리한 요구를 하며 논란을 일으키기도 했다.

하지만 지금은 시대가 달라지고 부동산 시장도 많이 변하고 정화된 시대를 보내고 있다. 우선 2006년 시행된 실거래가 신고 제도로 거래가격이 투명하게 공개되면서 앱을 통해 빠르게 확인할 수 있는 시장이다. 또 경쟁업체가 늘어남에 따라 매물을 한 부동산이 아닌 여러 부동산에서 보유하게 되어 빠르고 정확하게 전달해야 살아남을 수 있는 시장이 되었다.

지금 시장은 "우리 부동산만 가지고 있는 매물"이라는 표현이 무색하게 되었으며 설령 시장에서 첫 매물을 받아 진행한다 해도 1~2주 정도면 전문으로 하는 많은 부동산이 소유주에게 연락을 취해 직접 매물을 받는 중개하는 시장이 되었다. '전속 중개'도 있지만 이마저도 시장에 공유해서 함께 진행하는 방법이 더 효율적이다.

간혹 공동중개는 하지 않고 직접 손님으로 커버가 된다는 부동산들도 있으나 빠르게 매도, 매수가 연결되지 않는다면 외부 홍보를 통해서 한발 늦게 공동중개를 진행하게 된다. 온라인 광고를 하고 현수막을 달아 직접 손님을 만나기 위해 노력하는 마케팅을 보면 크게 달라지지 않은 것처럼 느껴지기도 한다. 하지만 실제 내부에서는 하루가 다르게 새로운 중개법인이 생기고 경쟁하며 생존을 위해 빠르게 변해가고 있다.

이렇게 변해가는 시장에서 가장 중심이 되는 곳이 바로 네이버 부동산이다. 상권을 이야기하며 크기로 압도할 수 있는 규모라면 새롭게 사람을 불러 모으고 유동인구의 흐름을 바꿀 수 있듯이, 획기적인 내용이 아니라면 결국 규모의 경제가 지배하게 된다. 우리나라 온라인 점유율의 절반 가까이 차지한 네이버 부동산은 시장 최대의 광고 채널로 대부분 중개업소가 매물을 홍보하는 공간으로 사용하고 있다. 즉 시장 정보가 많이 오픈되고 단독으로 중개 가능한 매물이 줄어들면서 홍보 마케팅을 위해 많은 매물이 올라오게 되었다.

그렇다고 네이버 부동산의 서비스가 특별히 좋다고 하는 것은 아니나 거대 플랫폼이 익숙해지고 결국 가장 편리한 서비스를 제공하게 되는 것은 어쩔 수 없는 현상으로, 오늘도 빌딩 매물들은 네이버 부동산에 쌓이고 있다. 시장의 모든 매물이라고는 할 수 없지만 상당수 물건 정보가 올라와 있어 현재 시장 호가를 알기 좋은 사이트가 되었다. 시장의 자정작용으로 허위 매물도 많이 사라졌고, 비교 매물이 많아 조금만 신경을 쓴다면 충분히 필터링도 가능한 정보가 있다. 따라서 네이버 부동산은 부동산 시장을 공부하기에, 시장 분위기를 익히기에 가장 좋은 교보재라고 할 수 있다.

중개사는 찾는 것이다

지금까지 부동산과 빌딩 시장을 이야기하면서 '나에게 맞는 물건'을 강조했다. 시장에서 상대적 우위 조건을 갖췄으면서 나에게 적합한 매물을 찾거나 만들어야 경쟁에서 살아남을 수 있다고 이야기했다. 이런 내용을 정확하게 알기 위해선 내가 아는 것과 물어봐야 하는 것을 구분할 수 있어야 하고 필요한 질문을 던져 해답을 찾아야 하는 것이다. 예전에는 숨겨진 매물을 찾아 물건 소개에 많은 비중을 두었다면 지금은 빌딩이란 상품을 설명하고 계획을 세울 수 있는 중개사가 필요한 시기다.

당연히 다양한 매물을 보유하고 브리핑이 가능해야 하고 새로운 지역에 대한 매물도 준비가 되어 있어야 소비자에게 폭넓은 기회를 만들어줄 수 있다. 그리고 금융정보와 건물 구조 등 다양한 부분에서 조언해줄 수 있는 역량을 갖추고 있어야 고객과 깊은 대화를 하고 알짜 매물로 거래를 안내해줄 수 있는 것이다. 하지만 단순 매물만 반복적으로 소개하고 하나의 매물이 눈에 들어오면 놓치지 말라고 적극적으로 진행하려는 방식은 옛날의 것이라 생각된다.

도시가 형성되고 성장하면서 유사한 상품이 계속 개발되는 경쟁 속에서 모두가 비슷한 내용으로 빌딩을 검토한다면 나만의 경쟁력을 갖추기 어렵게 될 것이다. 이런 시장에서 내가 가진 조건과 가장 부합한 빌딩을 찾아 독보적 개별성으로 가치를 만들어낼 수 있는 중개사를 찾을 수 있는 것도 중요한 능력이라 할 수 있다. 시장의 흐름과 최상의 입지를 알려주는 중개사와 물건을 검토한다면 진정한 A급 계약이 가능할 것이다.

필자가 시장에서 업을 하면서 느끼는 것은 좋은 중개사분들이 훨씬 더 많다는 것이다. 이 책으로 부동산 읽는 방법을 익혀 훌륭한 중개사분과 좋은 빌딩을 하나씩 계약하기를 바란다.

PART 5

부동산 시장의
기본과 현실

빌딩에 대한
기초 지식 알기
건폐율과 용적률

필자는 이 책에서 건물을 신축하고 증축하는 내용만으로 빌딩의 가치가 올라가는 것이 아님을 말하고자 한다. 하지만 건물에 관련된 기초 지식은 반드시 알아야 하니 필요한 정보만 간략하게 정리해서 건물 증축, 신축에 대한 기본 지식을 익히도록 하자.

건폐율과 용적률

대지면적을 기준으로 하며 바닥을 넓게 하는 비율은 건폐율, 대지의 용도지역에 맞춰 높게 올릴 수 있는 기준은 용적률이다.

건폐율 60%, 용적률 200%의 경우

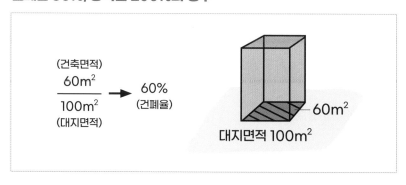

건폐율과 용적률은 「국토의 계획 및 이용에 관한 법률」에서 최대한의 기준을 정하고 있다. 간단하게 이야기하면 각 도시의 상황에 맞춰 적용하고 있어 동네마다 조금씩 다르게 적용한다.

국토교통부에서 정한 기준은 각 지방자치단체의 조례로 최종 결정되니 실제 적용을 위해선 구매하고자 하는 빌딩의 지역에 맞는 건폐율과 용적률 조례를 찾아보기를 바란다.

건폐율은 바닥, 용적률은 높이 2개만 기억하자.

용도지역별 건폐율과 용적률

용도지역			건폐율	용적률
도시지역	주거지역	제1종전용주거지역	50% 이하	50% 이상 100% 이하
		제2종전용주거지역	50% 이하	50% 이상 150% 이하
		제1종일반주거지역	60% 이하	100% 이상 200% 이하
		제2종일반주거지역	60% 이하	100% 이상 250% 이하
		제3종일반주거지역	50% 이하	100% 이상 300% 이하
		준주거지역	70% 이하	200% 이상 500% 이하
	상업지역	중심상업지역	90% 이하	200% 이상 1,500% 이하
		일반상업지역	80% 이하	200% 이상 1,300% 이하
		근린상업지역	70% 이하	200% 이상 900% 이하
		유통상업지역	80% 이하	200% 이상 1,100% 이하
	공업지역	전용공업지역	70% 이하	150% 이상 300% 이하
		일반공업지역		150% 이상 350% 이하
		준공업지역		150% 이상 400% 이하
	녹지지역	보전녹지지역	20% 이하	50% 이상 80% 이하
		생산녹지지역		50% 이상 100% 이하
		자연녹지지역		50% 이상 100% 이하
관리지역		보전관리지역	20% 이하	50% 이상 100% 이하
		생산관리지역	20% 이하	50% 이상 80% 이하
		계획관리지역	40% 이하	50% 이상 100% 이하
		미제분지역	보전관리지역과 동일	
농림지역			20% 이하	50% 이상 80% 이하
자연환경보전지역			20% 이하	50% 이상 80% 이하

용적률에 포함하는 면적

대지의 용도지역에 맞춘 용적률을 적용해 건물 연면적을 산출해보자. 실제 건물의 연면적이 높게 적용되어 있음을 알 수 있다. 이것은 용적률 적용 범위 때문이다. 주차장과 지하는 연면적에 포함되지 않는다.

용적률은 대지에서 지하와 주차장을 제외한 지상으로 올라가는 면적을 기준으로 한다. 그렇기에 상권이 없는 안쪽 골목에서 사옥용 건물을 신축 또는 다세대주택 현장에 많이 적용하며, 필로티 구조의 1층 주차장을 설치하는 경우 건물은 상대적으로 한 개 층 더 높이 올라가 건물을 높고 웅장하게 만들어준다.

필로티 주차장

또 지하를 아무리 깊게 파더라도 용적률에 들어가지 않는다. 건축비 부담이 되지 않는 효용선 안에서 지하 면적을 크기를 정하며 대지 경사면을 활용해 지하 1층을 지상 1층처럼 만들 수 있다. 「건축법」에서 지하층이란 대지 지표면 아래에 있는 층으로 건축물 바닥에서 지표면까지의 높이가 1/2 이상인 것으로 정의하고 있다. 따라서 대지의 높은 지표면에서 지하층의 높이가 51%만 내려가 있어도 지하로 인정되어 연면적에 포함되지 않고 실제 1층처럼 활용할 수 있다.

> ## 용적률에 주차장과 지하는
> ## 포함되지 않는다.

북도로의 이점 활용하기

이격 거리와 사선제한

토지에 건축물을 올리기 위해선 대지 경계선으로부터 일정 거리 이상을 이격해야(사이를 벌려야) 한다. '대지 안의 공지 기준'이라는 내용으로 건물 간 개방감, 피난통로 등 「도시 및 주거환경정비법」으로 정해져 있다.

다음 페이지를 보면 알겠지만, 제시한 조항에 맞춰 건물의 용도에 따라 이격 거리를 두고 건축선을 잡아야 하며, 이 기준도 각지자체의 조례를 거쳐 최종 적용된다.

근린생활시설, 업무시설 등 표에 나와 있지 않은 건축물은 최소한의 이격 거리를 두도록 하고 있으며 「민법」 242조의 내용으로도 특별한 관습이 없으면 경계로부터 반 미터 이상의 거리를 두

[별표 2]

대지 안의 공지 기준 (제27조 관련)

1. 건축선으로부터 건축물까지 띄어야 하는 거리

대상 건축물		당해 용도로 사용되는 바닥면적의 합계	건축물의 각 부분까지 띄어야 할 거리
용 도			
가	1) 공장, 창고 2) 전용공업지역 및 일반공업지역 또는 「산업입지 및 개발에 관한 법률」에 따른 산업단지에서 건축하는 경우 제외	• 500제곱미터 이상	• 준공업지역: 1.5미터 이상 • 기타 지역: 3미터 이상
나	1) 판매시설 2) 숙박시설(일반숙박시설은 제외) 3) 문화 및 집회시설(전시장 및 동·식물원 제외) 4) 종교시설	• 1,000제곱미터 이상	• 3미터 이상
다	다중이 이용하는 건축물로서 다음의 건축물 1) 운수시설 2) 의료시설(종합병원에 한 한다) 3) 장례식장	• 1,000제곱미터 이상	• 3미터 이상
라	공동주택		• 아파트: 6미터 이상 (다만, 「주택법」 제2조에 따른 도시형생활주택(아파트) 및 리모델링하는 아파트와 「도시 및 주거환경정비법」, 「도시재정비촉진을 위한 특별법」, 및 「빈집 및 소규모주택 정비에 관한 특례법」에 따른 소규모주택재건축으로 인한 아파트: 3미터 이상) • 연립주택: 2미터 이상 • 다세대주택: 1미터 이상
마	그 밖에 영 별표2 제1호바목에 따라 정하는 다음의 건축물 1) 500제곱미터 이상인 자동차관련시설(주차장, 세차장, 운전학원 및 정비학원 제외). 다만 전용공업지역 및 일반공업지역 또는 「산업입지 및 개발에 관한 법률」에 따른 산업단지에서 건축하는 경우 제외 2) 위험물 저장 및 처리시설 3) 한옥		• 3미터 이상 • 3미터 이상 • 처마선 1미터 이상, 외벽선 2미터 이상

2. 인접대지경계선으로부터 건축물까지 띄어야 하는 거리

대 상 건 축 물			
	용 도	당해 용도로 사용되는 바닥면적의 합계	건축물의 각 부분까지 띄어야 할 거리
가	전용주거지역에 건축하는 건축물 (공동주택 제외)		• 1미터 이상
나	공장(전용공업지역 및 일반공업지역 또는 「산업입지 및 개발에 관한 법률」 에 따른 산업단지에서 건축하는 경우 제외)	• 500제곱미터 이상	• 준공업지역: 1미터 이상 • 기타 지역: 1.5미터 이상
다	1) 판매시설 2) 숙박시설(일반숙박시설은 제외) 3) 문화 및 집회시설(전시장 및 동·식물원 제외) 4) 종교시설 5) 1)~4)는 상업지역에서 건축하는 경우 제외	• 1,000제곱미터 이상	• 1.5미터 이상
라	다중이 이용하는 건축물로서 다음의 건축물. 다만, 상업지역에 건축하는 건축물로서 스프링클러나 그 밖에 이와 비슷한 자동식 소화설비를 설치한 건축물은 제외 1) 운수시설 2) 의료시설(종합병원에 한 한다) 3) 장례식장		• 1.5미터 이상
마	공동주택. 다만, 상업지역에 건축하는 공동주택으로서 스프링클러나 그 밖에 이와 비슷한 자동식 소화설비를 설치한 공동주택은 제외		• 아파트: 3미터 이상 (다만, 도시형생활주택 2미터 이상) • 연립주택: 1.5미터 이상 • 다세대주택: 1미터 이상
바	그 밖에 영 별표2 제2호바목에 따라 정하는 다음의 건축물 1) 500제곱미터 이상인 자동차관련시설(주차장, 세차장, 운전학원 및 정비학원 제외). 다만, 전용공업지역 및 일반공업지역 또는 「산업입지 및 개발에 관한 법률」 에 따른 산업단지에서 건축하는 경우 제외 2) 위험물 저장 및 처리시설 3) 한옥		• 1미터 이상 • 1미터 이상 • 처마선 0.5미터 이상, 외벽선 2미터 이상

비고: 제1호가목 및 제2호나목에 해당하는 건축물 중 법 제11조에 따른 허가를 받거나 법 제14조에 따른 신고를 하고 2009년 7월 1일부터 2015년 6월 30일까지 법 제21조에 따른 착공신고를 하는 건축물에 대하여는 건축조례로 정하는 건축기준을 2분의 1로 완화하여 적용한다.

※ 제80조의 2 대지안의 공지도 참고하자.

서울시 대지안의 공지기준

대지안의 공지기준 (제30조관련)

1. 건축선으로부터 건축물까지 띄어야 하는 거리

대상 건축물		건축물의 각 부분까지 띄어야 할 거리
용 도	당해 용도로 사용되는 바닥면적의 합계	
가. 공장, 창고 다만, 전용공업지역 및 일반공업지역 또는 「산업입지 및 개발에 관한 법률」에 따른 산업단지에서 건축하는 경우 제외	• 500제곱미터 이상	• 준공업지역 : 1.5미터 이상 • 준공업지역 외의 지역 : 3미터 이상
나. 판매시설, 숙박시설(일반숙박시설 제외), 의료시설, 운동시설 및 관광휴게시설	• 1,000제곱미터 이상	• 3미터 이상
	※ 2007년 5월 29일 이후 건축된 건축물의 의료시설로의 용도변경은 지방 건축위원회의 심의를 거쳐 적용하지 않을 수 있다	
다. 문화 및 집회시설 (전시장 및 동·식물원 제외), 종교시설, 장례식장	• 1,000제곱미터 이상	• 3미터 이상
	• 1,000제곱미터 미만	• 1미터 이상
라. 운수시설, 자동차관련시설(주차장, 운전학원 및 정비학원 제외), 위험물 저장 및 처리시설 다만, 전용공업지역 및 일반공업지역 또는 「산업입지 및 개발에 관한 법률」에 따른 산업단지에서 건축하는 경우 제외	• 500제곱미터 이상	• 준공업지역 : 1미터 이상 • 준공업지역 외의 지역 : 1.5미터 이상
마. 공동주택		• 아파트 : 3미터 이상 단, 30세대 미만인 도시형생활주택(원룸형)은 2미터 이상 • 연립주택 : 2미터 이상 • 다세대주택 : 1미터 이상

2. 인접대지경계선으로부터 건축물까지 띄어야 하는 거리

대상 건축물		건축물의 각 부분까지 띄어야 할 거리
용 도	당해 용도로 사용되는 바닥면적의 합계	
가. 전용주거지역에 건축하는 건축물 (공동주택 제외)		• 1미터 이상
나. 공장, 자동차관련시설(운전학원 및 정비학원 제외), 위험물 저장 및 처리시설 다만, 전용공업지역 및 일반공업지역 또는 「산업입지 및 개발에 관한 법률」에 따른 산업단지에서 건축하는 경우 제외	• 500제곱미터 이상	• 준공업지역 : 1미터 이상 • 준공업지역 외의 지역 : 1.5미터 이상
다. 판매시설, 숙박시설(일반숙박시설 제외), 문화 및 집회시설 (전시장 및 동·식물원 제외) 및 종교시설, 장례식장 다만, 상업지역에서 건축하는 경우 제외	• 1,000제곱미터 이상	• 1.5미터 이상
	• 1,000제곱미터 미만	• 1미터 이상
라. 공동주택 다만, 상업지역에 건축하는 공동주택으로서 스프링클러나 그 밖에 이와 비슷한 자동식 소화설비를 설치한 공동주택은 제외한다.		• 아파트 : 3미터 이상 단, 30세대 미만인 도시형생활주택(원룸형)은 2미터 이상 • 연립주택 : 1.5미터 이상 • 다세대주택 : 1미터 이상

민법 242조 경계선 부근의 건축

> **참고 조문** **제242조(경계선 부근의 건축)**
>
> ① 건물을 축조함에는 특별한 관습이 없으면 경계로부터 반 미터 이상의 거리를 두어야 한다.
> ② 인접지 소유자는 전항의 규정에 위반한 자에게 대하여 건물의 변경이나 철거를 청구할 수 있다.
> 　그러나 건축에 착수한 후 1년을 경과하거나 건물이 완성된 후에는 손해 배상만을 청구할 수 있다.

어야 한다고 규정하고 있다.

이렇게 자신이 구입한 대지 안에서도 건물의 위치를 마음대로 두지 못하고 이격을 해야 한다. 건축물 용도에 따른 법률이 있으나 근린생활시설로 신축 시 가장 기본은 토지 경계에서 반 미터 (0.5m) 도로에서 1m 기준 적용이 일반적이다. 일방적으로 한쪽에 붙여 건축할 수가 없고 최소한의 거리는 띄우고 건축선을 잡아야 하는 것이다.

추가 세부적인 내용은 설계 사무실로 문의해서 확인해야 착오 없이 진행할 수 있다. 하지만 검토하는 모든 토지에 설계를 요청하기보다는 기초 법령으로 검토를 하고 설계 사무실과 대화하는 것이 더 효율적인 방법이 될 것이다.

이격 거리를 지키더라도 인접한 북쪽 필지의 일조권도 지켜줘야 한다. 일조권이란 사람이 살면서 햇살이 집에 들어와야 하는 최소한의 단위를 보장해주는 법률이다. 즉 주택에서 지켜져야 하는 내용으로 토지 용도지역상 주거지역(1종전용~3종일반)에서 지켜야 하는 법률이다. 그러다 보니 내가 소유한 부동산에 건축은

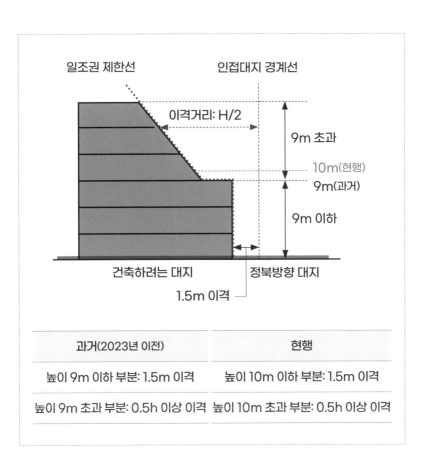

과거(2023년 이전)	현행
높이 9m 이하 부분: 1.5m 이격	높이 10m 이하 부분: 1.5m 이격
높이 9m 초과 부분: 0.5h 이상 이격	높이 10m 초과 부분: 0.5h 이상 이격

어디까지 진행 가능한지가 중요하다.

기본이 되는 내용은 1층 바닥에서 10m까지는 일조권 제한을 받지 않는다. 그 위로는 정북방향의 토지 경계선에서 높이의 1/2만큼의 거리를 두어야 한다.

그림에서 간단히 설명하면 반듯하게 올라간 10m 바로 위부터는 경계선에서 5m를 떨어져서 건축해야 한다. 대지 경계선의 이격 거리가 1m라고 하면 건축선에서는 4m를 뒤로 후퇴해서 건축선을 잡고 높이만큼 사선 방향으로 올라가야 하는 것이다.

이것은 높이가 제한되는 법률로 토지와 접해 있는 북쪽 토지를 보호하기 위한 제도다. 그러니 소유한 토지의 북쪽에 도로를 접하고 있다면 사선제한의 부담을 덜 수 있다. 이런 이유로 건축 시 북도로에 접한 토지의 활용성이 좋다고 말하는 것이다. 이렇게 토지의 위치만으로 개발 시 건물의 모양이 어떻게 올라가는지 알 수 있다면 더 효율적인 사전 검토가 가능하다.

하나 더 기억해야 하는 내용은 일조권 보호는 주거환경의 최저 기준을 보호하기 위해 만들어진 법률로 주택이 주로 개발되는 일반주거지역까지 적용을 받아 준주거지와 상업지역에는 적용되지 않는다. 여기서 포인트는 준주거지역과 상업지역의 토지여야 한다는 것이 아니다. 내가 소유한 토지의 북쪽에 접한 토지가 준주거지역과 상업지역이면 남쪽에 접한 나의 토지가 사선제한에서 자유로운 것이다. 흔하지 않은 사례이나 북쪽 토지가 주거지역이 아니라면 빠르게 설계사무소에 문의해서 사선제한 적용 여부를 확인해보는 것이 좋다.

면목역의 사례

　　면목역 인근 주거가 밀집된 블록이다. 왼쪽 이미지에서 ①번
과 ②번 모두 2종일반주거지역으로 4m 북도로를 끼고 있는 필지
이고 유사한 면적의 두 토지를 합필해 높고 반듯한 빌딩으로 만
들어 분양하던 현장이다. 그런데 동일한 2종일반주거지역인데도
일조권 사선제한이 다르게 적용되어 상층부의 건물 모양이 다르
게 나온 것을 볼 수 있다.

　　사진을 보면 ①번 골목을 접한 건물은 북도로 쪽 토지의 용도
지역이 준주거지역으로 일조권 보장 제한을 적용받지 않았다. 반

면목역 인근 주택 밀집지역

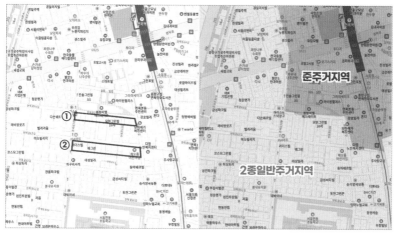

북도로 방향 토지용도지역에 따른 일조권 사선제한 적용 차이

출처: 카카오맵

면 ②번 골목을 접한 건물은 사선제한을 적용하다 보니 상층부에 테라스가 들어가고 계단 방식으로 줄어드는 모습을 볼 수 있다.

동일한 2종일반주거지역에 동일한 도로 폭을 접하고 있음에도 상층부에서 면적 차이를 보여준다. 테라스의 활용도 좋지만 동일한 크기로 반듯하게 올라간 건물의 내부 공간 활용성이 좋아 분양 및 임대가격이 높게 책정되는 것을 생각한다면 당연히 ①번 필지가 설계 효율성이 나오는 좋은 입지란 것을 알 수 있다.

이런 사례는 일조권 보호가 전용주거지역과 일반주거지역에만 적용되어 발생하는 모습이다. 상업, 업무가 혼합되어 활용하도록 만들어진 준주거지역과 상업지역에 적용되지 않는다. 보통 내 필지의 용도지역이 일반주거지역이면 사선제한이 있으리라 생각하는데, 보호받아야 하는 북쪽 필지의 용도지역으로 내 필지의 활용성이 좋아질 수도 있다.

이런 조건이 모여서 건물의 가격을 결정한다. 북쪽에 인접한 토지가 어떤 용도지역인지에 따라 더 활용도 좋은 건물을 가지게 된다는 점을 알아두자.

사선제한을 적용하다 보니 상층부에 테라스가 들어가거나 일어서기 어려운 옥탑방 같은 느낌의 세모난 지붕을 보게 된다. 내부 공간의 활용성이 좋아야 분양 및 임대가격이 높게 책정된다. 이런 조건이 모여서 건물의 가격을 결정하기에 저 두 건물은 매우 유사한 구조에 있음에도 건물을 반듯하게 올릴 수 있는지 가능성으로 건물 가치의 차액이 발생한다. 둘 다 2종일반주거지역이라는 같은 조건으로 설계했음에도 북쪽에 인접한 토지가 어떤 용도지역인지에 따라 더 활용도 좋은 건물을 가지게 되는 것이다.

> **모든 대지는 토지 경계선 기준으로 이격 거리가 있고 북쪽으로 높이 10m부터 사선이 된다.**

더 많은 건축 정보가 필요하다면 '토지e음'

　지금까지 설명한 내용 외에도 높이제한, 보호구역 등 다른 법령에 다른 지역·지구에 따른 추가 내용이 있다. 이런 각각의 토지와 건축물에 대한 정보를 찾아보는 사이트는 여러 개가 있으나 건축 관련 정보가 익숙하지 않은 분들에게는 토지e음 사이트를 추천한다. 다양한 내용이 있어 필요한 내용에 맞춰 찾아보기 좋다.

　토지e음 사이트에서 주소검색으로 필지에 들어가면 토지이용계획 창이 뜬다. 여기에서 지역에 관련된 항목을 확인할 수 있다. '자세히'를 누르면 법령집 페이지로 넘어가 세부 조항까지 안내해 준다. 토지에 따른 법령안을 확인할 수 있고 앞서 설명한 항목에

토지e음(eum.go.kr)

토지e음에서 확인하는 정보

대한 적용 여부까지 알 수 있다.

물론 모든 정보는 기본적인 내용을 정확하게 확인하는 것이 우선이다. 다만 토지e음 사이트의 토지이용계획열람을 먼저 확인한다면 더 필요한 정보는 무엇인지 그 방향을 빠르게 잡을 수 있을 것이다.

임대 단가 비교 및 광고 분석하기

임대면적 vs. NOC

빌딩에 투자하는 이유는 월 수익을 발생하면서 동시에 시세차익까지 노릴 수 있다는 점 때문이다. 여기서 시세차익은 미래의 개발 호재나 부동산 시장의 상승으로 좋은 입지에서 건물 운영이 잘 되면 자연스럽게 따라오는 것이다. 그렇기에 임대료가 적정 수준에 있는지 주변 시세 대비 추가 상승 여력은 어느 정도인지 시장 정보를 살펴보는 것이 건물 가치를 올리기 위한 가장 중요한 내용이다.

주변 단가를 확인하기 위해선 네이버 부동산 광고 사이트를 통해 알 수가 있다. 부정적인 시각으로 허위매물을 이야기하고 정보를 신뢰하기 어렵다는 이야기도 하지만 직접 필드에서 업무를 하는 필자의 시각에서는 허위광고가 거의 보이지 않는다. 또 오랜 시간 허위광고 업체에 대한 페널티 부과 등으로 업체들의 자정작용도 있었고 무수히 많은 매물이 올라가다 보니 허위광고는 조금만 관심을 갖고 본다면 초보자도 걸러 낼 수 있을 정도이다. 그러니 최소한 네이버 광고는 직접 확인하면서 시세에 대한 보편적 기준을 길러 판단하길 바란다.

임대차 광고에서 이야기하는 용어와 방식은 2가지가 있다.

NOC(Net Occupancy Cost)

순 점유 비용이란 뜻으로 전용면적당 사용료를 말한다. 여기서 말하는 임대료는 임대료+관리비를 합친 금액으로 한 평당 발생하는 고정 금액을 산출하는 방식이다. 보통 연면적 3천 평이 넘는 프라임 빌딩에서 적용하는 방식으로 기본적으로 도면이 있거나 실측해 면적이 나와야 한다. 이와는 다르게 중소형 빌딩은 오래되고 개인이 관리하다 보니 설계도면이 없는 건물도 많아 적용하기 어려운 곳이 많다. 그렇기에 중소형 빌딩에서는 보통 적용하지 않는 방식으로 용어에 대한 참고만으로 충분하다.

건물 매각에 있어서도 프라임 규모의 빌딩은 건물 연면적 단가로 이야기하고 중소형 빌딩은 대지 평단가를 기준으로 하는데 이렇게 계산하면 중소형 빌딩의 단가가 현저하게 높게 계산된다. 이렇듯 실제 매각과 임대차 계산 방식의 차이가 있고 어떤 방식이 정답이라고 이야기하기는 어렵기에 각자의 방식으로 비교하는 것이 적합하다.

임대면적당 임대료

공용면적을 포함한 임대료로 관리비는 별도로 한다. 실제로는 공용면적을 포함한 면적을 알기 위해서도 설계도면이 있어야 한다. 앞에 도면이 없어 NOC 단가를 할 수 없다고 했는데 임대면적에서 왜 또 도면을 이야기하는 건가 싶을 것이다. 하지만 임대면적과 전용면적 모두 도면이 있어야 알 수 있고 최소한 건물의 설계 개요라도 받아야 정확한 수치를 기재할 수 있는 것이다.

그렇다면 현장은 어떤 상황인 것인가? 건물주와 대화를 하다 보면 도면이 없는 건물이 많고 실제 부동산에 임대를 진행하더라도 정확한 수치를 이야기하지 않는 건물이 많다. 그리고 중소형 빌딩의 경우 한 임차인이 한 층을 단독으로 사용하는 경우가 많아 부동산에서 광고 진행 시 건축물 대장상 한층 면적을 기재하는 경우가 많다.

모든 부동산이 상용하는 표현은 아니나 임대 단가를 NI(Net Income)라는 표현으로 실수령액을 표기하기도 하며 다음 페이지 자료와 같이 해당 층의 바닥면적을 기재해 광고 수치로 사용되는 경우가 많은 것이 현실이다.

아직 시장이 체계화되지 않아 생기는 현상으로 어쩔 수 없이

임대면적과 전용면적의 비율이 100%인 매물

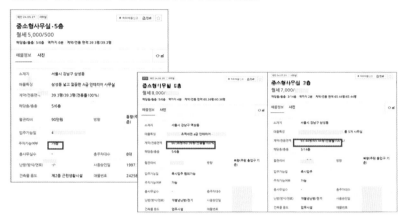

출처: 네이버 부동산

사용되는 경우가 많으며 나에게 필요한 광고를 찾아볼 경우 해당 부분을 체크하고 공부상 면적과 비교하면 더 정확한 정보를 찾을 수 있다.

광고에서 사용되는 임대료 단가에 대한 내용은 2가지이며 더 많이 홍보되고 있는 중소형 빌딩을 기준으로 보면 실사용 면적이 명확하진 않으나 계단과 엘리베이터가 차지하는 공용면적이 작으면 6평이고 보통 10평 전후로 비슷하게 설계되어 주변 시세 비교표가 가능한 자료까지 만들 수 있게 된다.

또 이렇게 광고 숫자의 방식을 알고 분석한 표를 가지고 내가 투자할 빌딩이 시장에서 가능한 임대 금액과 리모델링으로 만들 수 있는 가능 시세까지 예측할 수 있는 것이다. 그리고 이 분석 방식은 유명한 여러 건설사도 수지 분석 자료를 만들기 위해 실제 사용하고 있는 방식이다.

단순 수익률이 기본이다

지금은 많이 사라졌으나 매물 안내자료를 받으면 관리비가 포함된 수익률이 기재된 자료가 많았다. 심한 경우는 부가세도 포함한 수익률도 봤던 기억이 있다. 이 역시 업체들의 자정작용으로 많이 사라졌으며 실질 수익률은 순수 임대료만 계산에 넣는 것이 맞다. 추가로 수익률에 넣는다면 관리비에서 실 관리비를 제외한 잉여 수익과 주차비 등 추가 수익 정도가 있을 것이다.

이렇게 월 매출을 가지고 수익률을 계산하면 건물들의 가치가 숫자로 보이게 된다. 즉 간단한 정리로 한눈에 빠른 비교가 가능해지는 것으로 수식 역시 기본 공식을 사용하는 방법을 추천한다.

단순 수익률 구하는 공식

월세 X 12 ÷ (거래금액 – 보증금) × 100 = 연수익률

이 공식은 흔히 말하는 쌀집 계산기로 충분하며 핸드폰으로도 빠르게 계산할 수 있다. 이렇게 보증금과 월세만으로 유사 부동산의 가치를 판단하는 것이 검토하는 빌딩이 가지고 있는 현금 흐름의 경쟁력을 알 수 있는 방법이다.

그리고 본격 매입을 위한 검토에 들어가며 대출 금액과 금리를 확인하면서 필요한 자금과 최대 수익이 가능한 레버리지 숫자를 맞추면 되는 것이다.

금융 레버리지를 적용한 수익률 계산법
(월세 – 월 이자) × 12 ÷ (거래금액 – 대출금 – 보증금) × 100 = 연수익률

수익률을 계산하는 방식의 다음 단계로 은행 대출을 이용해서 자본금의 비율을 낮춰서 수익률 극대화를 만드는 방법이다. 당연히 금리가 높아지면 불리하고 낮아지면 유리한 방식이다. 상승기였던 저금리 시절에 한눈에 보이는 단순 수익률이 아닌 레버리지를 이용한 수익률로 좋은 빌딩인 것처럼 소개도 진행되었던 방식이다. 그래도 내가 빌딩을 매입하고 운영을 하면서 발생하는 기본적인 현금 흐름을 파악하기에 필요한 방식이다. 현장에서 발생하는 비용이 크지 않다면 레버리지 계산법을 기본으로 하고 추가 비용을 계산해도 무리가 없을 것이다.

이 외에도 부동산의 수익성 분석 방식은 여러 가지가 있고 추가되는 세부 항목들도 있으나 모든 방식의 근간이 되는 계산 방식이 단순 수익률이다. 그렇기에 세부 항복 추가에도 기본적인 틀은 유지가 가능한 것이 대부분이다. 왜 더 정확하고 선명한 방식을 이야기하지 않는 이유는 시작부터 과하게 똑똑한 평가는 의미 없는 에너지와 시간을 소비하게 만들기 때문이다. 위치와 구조 등 똑같은 매물이 없는 부동산에서 유사한 성향의 실물로 단순화해서 한눈에 비교하는 방법은 부동산의 차이를 선명하게 만든다. 천억 원대 규모의 대로변 프라임 빌딩이 아니라면 필자의 경험상 단순 수익률로 한눈에 비교하는 것이 규격이 없는 빌딩들의 기초 기준을 만들어준다. 그리고 정확한 숫자가 필요한 검토는 실제 매입을 위한 대화 전에만 들어가도 충분히 가능한 시간이다.

감정평가방식 알아보기

원가법, 수익환원법, 비교사례법

'감정평가'란 토지 등 경제적 가치를 판정해 가액을 표시하는 방식으로 공인된 감정사 제도다. 감정평가 제도에서 평가하는 방식이 원가방식, 수익방식, 비교방식을 기초 방식까지 알고 있다면 더 나은 결정에 도움이 될 것이다.

원가방식

원가법 및 적산법 등 비용성 원리에 기초한 평가방식

원가법에 기초한 평가 방법으로 재고자산의 취득가액을 평가액으로 한다. 그래서 가치 감소를 산정하는 감가상각이 취득 시점에서 사용기한까지의 기간만큼 건물에 적용된다. 토지는 영속성으로 감가상각 대상이 아니기에 공시지가에서 시세에 맞는 보정수치를 적용해 산출한다.

토지 평당 공시지가 × 보정수치(시세/공시지가) × 토지면적 = 토지평가총액

건물 평당 취득원가 × 현가율(잔존년수/건물수명) × 건물 연면적 = 건물평가총액

합계(토지가격 + 건물가격) = 적산가액(총액)

토지 평가액의 보정수치는 공시지가에서 시세 금액만큼의 비율을 조정하는 것으로 실제 거래된 인근 토지 금액의 단가를 적용하는 수치다. 위 계산 방식도 복잡하다면 순수 토지 시세를 적용해도 괜찮다.

건물 평가액의 현가율은 건물의 수명을 잡고 사용 연도만큼 비용을 빼는 방식으로 건물의 경제적 수명은 통상 40년으로 계산한다. 즉 준공시점 대비 10년이 흘렀다면 잔존년수가 30년으로 30/40=75%가 된다. 이렇게 나온 금액은 현 부동산을 재조달 원가로 평가방식의 가장 기초가 되는 방법이다.

수익방식

수익환원법 및 수익분석법 등 수익성의 원리에 기초한 평가방식

실질적인 현금 흐름의 판단하는 방식으로 앞에 이야기한 단순 수익률과 같은 맥락의 평가방식이다. 수익법으로 계산하는 방식은 시간가치 적용 유무 등 다양한 방법이 존재하는데 필자가 반복적으로 이야기하듯 빠르고 단순한 방식으로 한눈에 비교하기 좋은 방법은 수익환원법이다. 직접환원법이라고 불리기도 하며 수익이 매년 동일하다는 기준으로 단년도 수익성을 평가하는 방식이다. 수익부터 비용까지 세부 수치를 알고 있다면 1년 단위 수익률을 정확한 계산이 가능하다. 비수익용 부동산에는 적용하기 어려운 단점이 있으나 수익용 부동산 평가 시 주관이 개입될 여지가 없고 시장자료 순수 시장자료로 만들어진 것으로 수익에 따른 정확한 가치평가가 가능하다.

다음 표와 같이 한 해 동안 진행된 수입과 지출에 대한 비용을 계산하면 단년도 수익환원법의 평가 금액이 나온다. 계산 수식을 순수익 구하는 공식과 건물가액 구하는 공식으로 구분한 이유는 시장에서 거래되는 수익률이 몇 퍼센트인지 조사가 되었다면 수치를 바꿔가며 적정 가격을 예상할 수 있다.

수익환원법은 현금 수익에 맞춰 가치를 구하는 논리적 이론이다. 건물이 노후되었는지 대로변 입지인지 코너 입지인지 상황

단년도 수익환원가격(직접환원법)

임대현황(현재)

구분	면적	임대료		관리비
		보증금	월세	
합계	290평	180,000,000원	10,550,000원	포함

직접환원법(단위: 원)

가능총소득 (Potential Gross Income)	임대료(년)	126,600,000
	보증금운용수입(년)	3,600,000
	관리비(년)	-
	주차장수입(년)	-
	소계	130,200,000
공실손실상당액	공실 및 대손율	5.0%
	소계	6,510,000
유효총소득(EGI; Effective Gross Income)		123,690,000
영업경비(Operating Expense)		-
순수익(Net Operation Income)		123,690,000
자본환원이율(매입 시)(1st year Cap. Rate)		4.0%
수익가격 (직접환원법)	단수금액 정리 후	3,092,000,000

가능총소득 - 공실 손실 상당액 - 운영경비 = 순수익

순수익 수익률 = 건물 가액

에 맞춰 적용하는 보정수치가 들어가지 않는 방식이다. 현장에서 수선 등으로 필요한 추가 비용은 반복적인 내용은 아님으로 별도 추가 비용으로 해당연도에 적용해 처리하면 된다. 건물의 컨디션이 비슷한 상황이라면 수익률 계산으로 한눈에 비교해 경쟁우위의 매물을 선택할 수 있게 된다. 매각 시에는 시장 수익률에 맞춰 가능한 매각 금액을 검토에 활용하는 것도 좋은 방법이다.

비교방식

거래사례비교법, 임대사례비교법 등 시장성에 기초한 평가방식

거래사례비교법, 임대사례비교법 등 시장성의 원리에 기초해 평가하는 방식이다. 실제 거래되었던 사례를 기준으로 사정보정, 시정보정, 입지 등 개별요인 보정이 들어가 내가 검토하고 있는 부동산과 유사한 상황으로 평가한다. 간단하게 비슷한 동네 비슷한 건물의 가격을 비교하는 것으로 대로변인지 용도지역의 차이가 있는지 코너 입지에 있는지 등을 비교한 보정 수치를 적용한다는 것으로 계산법은 따로 적을 정도는 아니다.

이 거래사례비교법은 현실적이고 실증적이어서 근거 있는 설득이 된다. 하지만 사정보정, 시점보정 등 비과학적인 평가 적용으로 신뢰성이 떨어진다는 평가도 받는다. 장점이 현실적이고 단점은 비과학적이다라는 문장에서도 모순이 느껴지는 이 방식이 현장에서는 가장 유용한 정보로 사용되고 있는 것이 현재 상황이다.

비교사례법을 생각하고 검토를 한다면 실거래 사례 정보를 알려주는 앱들이 많이 있고 그 안에서 단가를 확인해 골목마다 형성하는 단가를 비교하고 메인 골목이 어디인지 알 수 있는 방법도 있다.

빌딩 매물은
어디서 검토할까?

매물 검토를 위한 사이트

    부동산 거래를 하며 많은 사람이 여러 사이트와 앱을 통해 정보 확인을 하고 있어 빌딩 거래를 위한 정보 확인 방법을 안내하고자 한다.

    빌딩을 매입하며 임차인이 어떻게 구성되었고 과거 몇 번의 변화가 있었는지 알 수 있다면 내가 투자하려는 빌딩의 임차인으로 어떤 업종이 어울리는지 과거를 통해 준비할 수가 있다. 또 상권에서 실제 유동인구가 많은 골목이 어디인지 알 수 있다면 바로 옆 위치라 하더라도 흘러가는 입지인지 지갑이 열리는 입지인지 사전에 예측이 가능하다. 이런 정보를 생각하고 현장 확인한다면 조금 더 위치의 장점과 간판의 변화를 볼 수 있게 되니 참고용으

서울시 상권분석 서비스

출처: golmok.seoul.go.kr

로 한 번씩 확인하기를 추천한다.

포털 사이트에 '서울시 상권 분석 서비스'라고 검색하면 해당 사이트를 확인할 수 있다(경기도는 '경기도 상권영향분석 서비스'가 별도로 운영된다). 서울시에서 운영하는 사이트로 프랜차이즈 업체를 비롯해 다양한 리서치에서 기본 자료로 활용되는 사이트다.

사이트로 들어가면 다양한 정보들을 확인할 수 있는데 이 모든 것을 이야기하기보다는 빌딩 투자에 필요한 포인트 2가지만 뽑아서 확인하도록 하자.

사이트 첫 페이지에 들어가면 화면 우측 중간에 '뜨는 상권' '나는 사장' '나도 곧 사장'이 나오며 어떤 것을 클릭해도 동일한 지도 서비스로 이동을 해서 확인을 하게 된다.

'나는 사장' 페이지

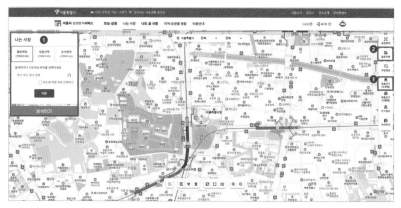

①번 부분은 소상공인을 위해 업종과 점포 위치에 따른 분석을 진행하는 것으로 빌딩보다는 매장 운영을 위해 제공하는 서비스라 필요한 경우에만 세부 항목을 찾아보면 좋다. 필자가 말하고자 하는 서비스는 ②번과 ③번으로 해당 건물에 점포가 들어온 시점과 나간 시점을 사업자등록증 개시와 폐업 일자로 알 수가 있다.

②번 점포이력을 클릭해서 지도를 보면 건물마다 파란색 네모 표시가 나온다. 간혹 한 건물에 2개 이상의 표시가 있는 경우는 구주소(번지)가 신주소(도로)로 변하면서 발생했거나 임대인 사업자가 변경되며 발생한 경우도 있으니 확인하고자 하는 위치의 파란 네모는 클릭해서 정보 확인을 하는 것이 좋다.

예시: 남산 동·식물원

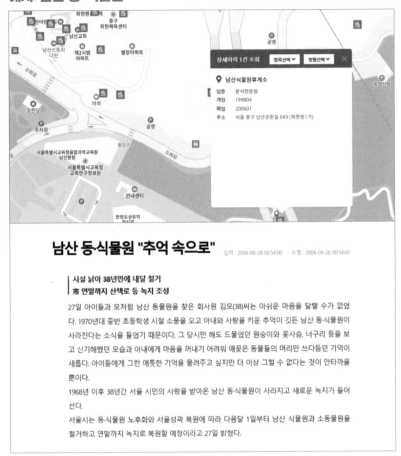

상세이력 1건 조회

남산식물원휴게소

업종 : 분식전문점
개업 : 199804
폐업 : 200601
주소 : 서울 중구 남산공원길 649 (회현동1가)

남산 동·식물원 "추억 속으로"

입력 : 2006-09-28 00:54:00   수정 : 2006-09-28 00:54:00

│ 시설 낡아 38년만에 내달 철거
市 연말까지 산책로 등 녹지 조성

27일 아이들과 모처럼 남산 동물원을 찾은 회사원 김모(38)씨는 아쉬운 마음을 달랠 수가 없었다. 1970년대 중반 초등학생 시절 소풍을 오고 아내와 사랑을 키운 추억이 깃든 남산 동·식물원이 사라진다는 소식을 들었기 때문이다. 그 당시만 해도 드물었던 원숭이와 꽃사슴, 너구리 등을 보고 신기해했던 모습과 아내에게 마음을 꺼내기 어려워 애꿎은 동물들의 머리만 쓰다듬던 기억이 새롭다. 아이들에게 그런 애틋한 기억을 물려주고 싶지만 더 이상 그럴 수 없다는 것이 안타까울 뿐이다.

1968년 이후 38년간 서울 시민의 사랑을 받아온 남산 동·식물원이 사라지고 새로운 녹지가 들어선다.

서울시는 동·식물원 노후화와 서울성곽 복원에 따라 다음달 1일부터 남산 식물원과 소동물원을 철거하고 연말까지 녹지로 복원할 예정이라고 27일 밝혔다.

출처: 서울시상권분석서비스, 세계일보

　예시로 남산 동·식물원을 확인하면 다른 사업자(임차인)는 들어온 이력이 없고 분식전문점만 운영한 것으로 보인다. 개업은 1998년 4월에 시작해 2006년 1월에 폐업이 진행되었으며 실제로 폐업연도와 같은 해 9월에 철거가 진행된 것으로 보인다. 이런 형식으로 중소형 건물에 확인하면 간판이 없는 사무실로 사용하는 회사도 확인이 가능해 그동안의 임대차 흐름을 알 수 있다.

그리고 한 건물에 네모가 2개가 있는 경우와 비슷하게 임차인의 내표가 변성되거나 하면 동일 사업자가 폐업과 개업이 이어지며 중복되게 보이는 경우도 있다. 또 위 이미지에서 보듯이 개업과 폐업 모두 신고되는 기준으로 하기에 건물에서 이루어지는 세부 사항까지는 포함되지 않는다.

앞 이미지에서 보면 개업은 1998년으로 사업년수가 10년이 되지 않는데 기사에서 시설이 38년 만에 철거가 되는 것이고 그 전부터 분식점은 운영이 되었으나 행정 절차에 따른 세부사항이 있는 것으로 보인다. 서울시에서 운영하는 사이트로 정보의 신뢰성은 있으나 세부 사항은 추가 체크해야 하니 참고하며 확인이 필요하다. 그래도 누구에게 물어보지 않고 궁금한 내용을 직접 확인할 수 있으니 유용한 정보라 할 수 있다.

점포이력 확인은 최근 몇 년간의 흐름을 보는 것을 추천하며 시대가 변하고 상권이 변해 적용하기 어려운 시점은 구분해서 보아야 한다.

두 번째로 유동인구를 도로별로 구분하는 내용도 실제 사람이 모이는 자리와 아닌 자리를 구분할 수 있게 해주고 있으며 분석하는 방법은 '서울시 생활인구(집계구단위)를 그리드(50×50) 영역으로 배분, 집객시설과 배분로직을 통해 길 단위 유동인구 생성'을

디지털미디어시티역 상권

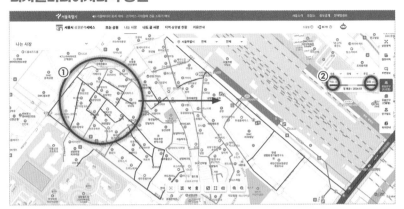

출처: 서울시상권분석서비스

기준으로 한다. 여기서 기준은 일반 상식 수준이 아니기에 수식까지 이해하지는 않더라도 골목별 색깔에 집중해서 보면 필요한 정보에 접근하기가 쉽다.

신사역 상권을 설명하며 사용했던 자료로 디지털미디어시티역을 기준으로 확인을 하면 ①번 붉은색 원이 상암동 먹자상권으로 음식점 표시만 보더라도 몰려 있음을 알 수 있다. 이곳에서 인근 직장인들이 퇴근 후 모임을 갖고 6호선 출입구보다는 공항철도 출입구를 통해 이동한다는 내용을 유추할 수가 있다.

실제로 현장을 가보면 주황색과 노란색 골목에도 사람들이 식당 안을 가득 채운 모습들도 볼 수가 있어 충분히 좋은 입지라고 말할 수 있다. 하지만 이어진 골목에서도 우선적으로 멈추고 지갑을 여는 자리가 어디인지 알고 답사를 가는 것과 다 비슷하게 보는 것은 분명 차이가 있을 것이다.

위 이미지의 우측 ②번 동그라미는 유동인구를 기준이 되는 수식에 맞춰 산출한 숫자로 위치를 이동하면 지역에 따라 함께 변동하며 숫자가 클수록 유동인구의 밀집도가 높다는 의미로 해석해 지역별 비교에 참고하면 차이를 알게 해준다.

위 내용으로 도로에 대한 유동인구 밀집도를 확인하고 현장에 가면 어느 곳은 대형 업무시설이 있어 출퇴근 인구가 원인이거나 실제 소비가 많이 이루어지는 골목이라는 구분을 직접 할 수 있게 된다.

한 번 더 말씀드리지만, 이 자료들은 서울시에서 공식 자료

책임의 한계와 법적고지

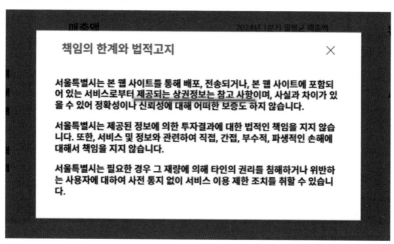

출처: 서울시상권분석서비스

를 통해 제공하고 있으나 참고용이라고 사이트에서도 안내하고 있다.

그래도 필자가 이 2가지 정보를 소개하는 건 빌딩 시장을 좀 더 편리하게 읽을 수 있게 해주는 정보라 판단되어서다. 실제 유동인구가 가장 적은 파란색 골목에도 좋은 매물들은 충분히 존재하고 있으니 흐름을 보고 적합한 투자 정보로 활용하기를 바란다.

에필로그

첫 책을
마무리하며

대학을 졸업 후 직장 생활을 하던 중 '내 것'을 해야겠다는 생각에 무작정 공인중개사를 준비하고 자격증을 취득해 과감하게 시장으로 뛰어들던 때가 생각납니다. 아는 것도 부족한 상태에서 시작한 경쟁에 이리 치이고 저리 치이면서도 도전을 시작했던 마음을 잃지 않으려고 노력하며 버티고 나니 어느덧 15년이 흘렀습니다.

필드에서 발로 뛰며 경력을 쌓는 것만으로는 채움이 부족하다고 생각되어 대학원에 진학한 것이 제 인생에서 큰 전환점을 만들어주었습니다. 부동산 전문가들로 이루어진 공간에서 자신의 전공 분야 강의를 했던 것이 지금 '빌딩 투자 리:셋'의 시작이었습니다. 실무를 하며 알게 된 저만의 노하우를 넓게 펼칠 수 있게 해준, 소중한 건국대학교 부동산대학원 실전 투자자 모임에 고마운 마음을 전합니다. 책을 쓰라고 제안하며 힘을 불어준 좋은 사람 채상욱에게 특별한 감사의 인사를 전하고 싶습니다.

책을 집필하며 제가 알고 있는 시장 분석 방법을 비롯해 모든 노하우를 독자에게 최대한 전달하고자 고민했습니다. 빌딩을 거래하기 위해서 들어가는 돈의 무게로 인해 한 번의 선택으로 평생을 일궈온 자산의 근간이 흔들릴 수 있기 때문입니다. 그래서 성공을 보장하기보다 위험을 피할 수 있는 방법과 안정적인 운영이 가능하도록 상권의 원리를 이야기하려 했습니다.

끊임없이 변화하는 부동산 시장에서 이 책이 투자자의 나침반이 되어 안전한 길로 안내하기를 소망합니다.

집필을 마치고 마침내 책이 나온다고 생각하니 감회가 새롭고 감사한 마음만 가득합니다. 훌륭한 배움의 터를 만들어준 대학원과 제 원고를 보고 선택해준 원앤원북스에게도 감사한 마음을 전합니다.

함께 해주신 모든 분께 진심으로 감사드립니다.

오늘도 '글프'여서 행복합니다!

빌딩투자
리:셋

초판 1쇄 발행 2024년 8월 26일

지은이 임광선
펴낸곳 원앤원북스
펴낸이 오운영
경영총괄 박종명
편집 최윤정 김형욱 이광민
디자인 윤지예 이영재
마케팅 문준영 이지은 박미애
디지털콘텐츠 안태정
등록번호 제2018-000146호(2018년 1월 23일)
주소 04091 서울시 마포구 토정로 222 한국출판콘텐츠센터 319호 (신수동)
전화 (02)719-7735 | **팩스** (02)719-7736
이메일 onobooks2018@naver.com | **블로그** blog.naver.com/onobooks2018
값 22,000원
ISBN 979-11-7043-562-4 03320